高校青年教师心理特征实证研究

李兰巧　肖　毅　编著

全国百佳图书出版单位

图书在版编目（CIP）数据

高校青年教师心理特征实证研究/李兰巧，肖毅编著．—北京：知识产权出版社，2017.6
ISBN 978-7-5130-4920-7

Ⅰ.①高…　Ⅱ.①李…　②肖…　Ⅲ.①高等学校—青年教师—教师心理学—研究　Ⅳ.①G443

中国版本图书馆 CIP 数据核字（2017）第 103568 号

内容提要

本书以高校青年教师为研究对象，在对前期相关研究成果进行梳理、开展理论研究的基础上，进行问卷调查，并开展案例研究，提出了提升高校青年教师心理素质的对策和建议。本书旨在给予教育研究者和决策者有益的启示，帮助高校青年教师成长，从而提升高校人才培养质量。

责任编辑：刘晓庆　　　　　　　　　　　　责任出版：孙婷婷

高校青年教师心理特征实证研究
GAOXIAO QINGNIAN JIAOSHI XINLI TEZHENG SHIZHENG YANJIU

李兰巧　肖　毅　编著

出版发行	知识产权出版社 有限责任公司	网　　址	http://www.ipph.cn
电　　话	010-82004826		http://www.laichushu.com
社　　址	北京市海淀区气象路 50 号院	邮　　编	100081
责编电话	010-82000860 转 8073	责编邮箱	396961849@qq.com
发行电话	010-82000860 转 8101	发行传真	010-82000893
印　　刷	北京中献拓方科技发展有限公司	经　　销	各大网上书店、新华书店及相关专业书店
开　　本	720mm×960mm　1/16	印　　张	13.5
版　　次	2017 年 6 月第 1 版	印　　次	2017 年 6 月第 1 次印刷
字　　数	193 千字	定　　价	48.00 元

ISBN 978-7-5130-4920-7

出版权专有　侵权必究

如有印装质量问题，本社负责调换。

前　言

　　高校青年教师是一个处于职业发展上升期、发展压力巨大、生活负担沉重、社会期望值高，同时又要引领青年学生成人成材的特殊群体。在"自树"和"树人"的双重压力下，高校青年教师的心理健康状况不容乐观。本研究在2015—2016年期间，以高校青年教师心理特征为研究对象，在对前期相关研究成果进行梳理、开展理论研究的基础上，编制了北京高校青年教师心理特征调查问卷及线上线下研究提纲，选取八所高校进行问卷调查研究，并采用量性和质性研究相结合、线上与线下数据相结合的路径开展案例研究，提出了提升高校青年教师心理素质的对策与建议。希望本研究在丰富高校青年教师心理基本理论与实践研究的同时，也能让教育研究者和决策者从中得到有益的启示，并帮助高校青年教师成长，从而促进高校人才培养质量的提升。

　　本书是北京市教育委员会社科计划重点项目"北京高校青年教师心理特征研究"（项目编号：SZ201511626028）的研究成果。在研究开展过程中，课题组全体成员齐心协力、不断创新，扎实地开展课题研究，取得了显著的成效。笔者长期从事高校教育管理和教育心理学教学的研究工作，具有较为扎实的教育心理学理论知识和比较丰富的高等教育管理和研究经验，主要负责写作提纲的确定及书稿定稿；丁桂莲、肖毅、张海丰负责书稿统稿及编校工作，全体成员参与了文献资料收集、现状调查与分析及对策与建议、研究与撰写工作。全书共分为六章，第一章由肖毅撰写，第二章由田宏杰、顾凯撰写，第三章由杨峥威、戴军、于新红撰写，第四章由于新红、戴军撰写，第五章由景晓娟、张海丰撰写，第六章由张瑞芬撰写。在研究过程中，所调研的高校青年教师和案例研究对象均给予了大力支持与配合，在此表示衷心的感谢。此外，本书在撰写过程中还借鉴了前期研究成果，引用了一些宝贵的资料，在此向相关作者表示深切的谢意。

由于时间仓促，以及研究者视野与水平有限，书中难免有不足之处，恳请广大读者批评和指正。

李兰巧

2017 年 4 月

目 录

导 论 ·· 1
　一、问题提出 ·· 1
　二、研究思路 ·· 2
　三、研究方法 ·· 3
　四、研究意义 ·· 6
　五、研究难点与创新 ·· 7

第一章　高校教师心理特征研究概况 ···························· 8

第一节　教师心理特征的内涵 ······································ 8
　一、心理特征的内涵 ·· 8
　二、教师心理特征的内涵 ·· 9

第二节　高校教师心理特征研究的演进脉络 ·················· 13
　一、高校教师心理特征研究范式的转换 ·························· 13
　二、高校教师心理特征研究分类的变迁 ·························· 14
　三、高校教师心理特征研究视角的选择 ·························· 16
　四、高校教师心理特征的研究方法与工具的变化 ············· 18
　五、高校教师心理特征研究在地域上的拓展 ··················· 19

第三节　高校青年教师心理特征研究的思考 ·················· 21
　一、影响因素分析 ·· 21

二、已有研究的启示 ··· 25

第二章　高校青年教师心理特征理论研究 ·· 27

第一节　高校青年教师心理发展理论基础 ·· 27
　　一、认知特征理论 ··· 27
　　二、需要和动机理论 ·· 29
　　三、行为主义理论 ··· 31
　　四、建构主义理论 ··· 32

第二节　高校青年教师职业心理理论 ··· 33
　　一、教师职业生涯发展理论 ·· 33
　　二、教师职业角色理论 ·· 44

第三节　高校青年教师职业压力与心理健康理论 ····································· 50
　　一、职业压力理论 ··· 50
　　二、职业倦怠理论 ··· 52
　　三、职业幸福感模型 ·· 53
　　四、心理健康的影响因素 ·· 54

第三章　北京高校青年教师心理特征研究调查工具开发 ···························· 57

第一节　高校青年教师心理特征调查问卷设计 ······································· 57
　　一、核心指标 ··· 57
　　二、问题设计 ··· 60
　　三、抽样程序和调查阶段 ·· 66
　　四、信效度检验 ··· 67
　　五、难度与区分度 ··· 70

第二节　高校青年教师心理特征定性研究设计 ······································· 74
　　一、定性研究的目的 ·· 74
　　二、定性研究的程序 ·· 74

三、资料整理和分析 77

第四章 北京高校青年教师心理特征现状调查 79

第一节 调查对象与调查过程 79
一、调查对象 79
二、调查过程 81

第二节 调查结果 82
一、样本构成 82
二、调查的描述性结果 88
三、不同属性被试调查结果的差异检验 92
四、调查结论 123

第三节 关于调查结果的讨论 125
一、高校青年教师的心理发展特点及可能出现的问题 125
二、本次调查结果与以往研究结果的分析比较 128
三、调查结果启示 131

第五章 高校青年教师心理特征案例研究——基于线下访谈与社交网数据 133

第一节 高校青年教师的基本心理特征分析——游离的精英部落 133
一、成长背景：出生在1980年以后的市场经济第一代 133
二、学习经历：有20年以上学校学习经历的"学霸"群体 136
三、边缘群体属性——圈在校园内观望社会变革的"留校生" ... 139
四、职业属性——朴素的知识型工作者 140
五、青年教师职业生态——努力向心的游离部落 145

第二节 为什么选择教师这个职业——殊途同归认同 147
一、高校青年教师职业认同的相关因素 148
二、高校青年教师职业动机的主因——真爱就是理由 152

第三节 在高校做教师是一种怎样的体验——痛并快乐着 ……… 155
　一、高校青年教师的职业体验以工作词为主，成就词和收入词为辅 … 156
　二、职业体验中的心理活动以职业认知为主，情绪性和社会性体验为辅 … 157
　三、职业认知虽丰富，但认知中表现出差距感、限制感和冲突感 …… 159
　四、情绪体验以正向情绪为主，情绪冲突典型 ……………………… 162
　五、职业社会性体验以对集体的感受为主 …………………………… 164

第四节 高校青年教师如何破茧而出——路在脚下 ………………… 166
　一、如何不逃脱消沉——稳定工作不意味着放弃追求梦想 ………… 166
　二、脸上的粉笔灰不能遮挡光芒，生活的艰辛不能阻止内心的渴望 … 166
　三、专注教学科研，加强自我修炼——"坐冷板凳"埋头读书 …… 167

第六章　高校青年教师心理问题解决策略 ……………………… 169

第一节 聚焦高校青年教师心理问题来源 …………………………… 170
　一、来自教师职业特殊性的社会压力 ………………………………… 170
　二、来自教师价值评判的环境压力 …………………………………… 172
　三、来自自我预期实现的个体压力 …………………………………… 173

第二节 关注职业价值实现与社会认同感——社会环境的改变 …… 174
　一、营造信任与支持高校青年教师的社会环境 ……………………… 175
　二、提高高校青年教师社会地位和经济待遇 ………………………… 176
　三、促进社会对教师职业价值的充分认识 …………………………… 177
　四、建立"高校青年教师心理健康专项工程" ……………………… 177

第三节 为高校青年教师搭建身心健康成长与发展的平台
　　　　——高校的系统保障 ………………………………………… 178
　一、强化青年教师的职业理想和职业道德 …………………………… 178
　二、重视青年教师的专业发展和职业生涯规划 ……………………… 179
　三、做好青年教师的心理健康服务和问题疏导工作 ………………… 180
　四、营造激发青年教师创造力的工作氛围 …………………………… 181

五、建立以终身学习为导向的高校青年教师培养机制…… 183

　　六、完善青年教师激励与考核评价机制…… 185

第四节　塑造良好的人格特征与心理状态——个体的控制调节…… 187

　　一、树立正确的人生观和职业价值观…… 187

　　二、加强自我认知和自我调控能力…… 188

　　三、加强专业培训和寻求外界支持…… 190

　　四、创造和谐的人际关系和师生关系…… 191

第五节　需要特殊关注的高校青年教师群体…… 192

　　一、高职院校的青年教师…… 192

　　二、新入职的青年教师…… 193

　　三、高职称青年教师…… 194

附录　北京高校青年教师心理特征调查问卷…… 196

参考文献…… 203

导 论

一、问题提出

办人民满意的高等教育，为国家培养和输送高层次、高素质的建设人才是高等学校的历史使命，而提高高校人才培养质量，归根到底离不开一支优秀的、高素质的教师队伍。2012年8月，国务院《关于加强教师队伍建设的意见》明确指出，教师是教育事业发展的基础，是提高教育质量、办好人民满意教育的关键。要把教师职业理想、职业道德、心理健康教育等融入职前培养、准入、职后培训和管理的全过程。❶ 2012年9月，教育部、中央组织部、中央宣传部等六部委发布《关于加强高等学校青年教师队伍建设的意见》，强调高等学校青年教师关系着高校发展的未来，关系着人才培养的未来，关系着教育事业的未来。要保障青年教师合法权益，充分调动青年教师的积极性和创造性。要关心青年教师生活，应采取有效措施帮助青年教师解决住房、子女入托、入学等困难，让青年教师安居乐业。引导社会各界关心支持青年教师，形成关爱青年教师成长的良好社会氛围。❷ 2013年5月，中央组织部、中央宣传部、教育部党组联合印发的《关于加强和改进高校青年教师思想政治工作的若干意见》强调，要建立完

---

❶ 国务院关于加强教师队伍建设的意见[EB/OL].(2015-12-21)[2016-12-21]. http://www.gov.cn/.2015-12-21.
❷ 关于加强高等学校青年教师队伍建设的意见[EB/OL].(2015-12-21)[2016-12-21]. http://www.moe.edu.cn/l.2015-12-21.

善青年教师人文关怀和心理疏导机制,加强青年教师心理健康教育,提高青年教师自我调适能力,帮助青年教师更好地应对工作压力、舒缓职业倦怠。健全青年教师心理问题预警、干预机制,为青年教师提供心理支持和情感支持。❶

教师心理特征研究是了解教师心理特征、塑造教师健康心理的基础。但长期以来,人们更重视教师知识水平和教学能力的提升,而对教师心理特征的关注极其有限。2014年,中国医师协会发布的"中国十大健康透支最严重的行业"名单中,教育行业从业者的健康透支程度位列第三,专家认为造成健康透支的首要原因是超负荷工作。张积家、陆爱桃等的研究发现,与幼儿教师和中小学教师间有显著差异,高校教师心理不健康检出率最高。❷ 孙红策等认为,随着高校的扩招和高等教育改革的不断深入推进,高校迎来了大发展的机遇,但高校教师的心理问题也逐渐增多,必须对高校教师的心理问题给予高度关注。❸ 因此,作为北京市教育委员会社科计划重点项目"北京高校青年教师心理特征研究",本课题关注高校青年教师心理问题,研究高校青年教师心理特征现状及存在的问题,并就促进高校青年教师身心健康发展和教师队伍建设提出建设性意见,从而提高青年教师工作的积极性、主动性和创造性,促进高校教育教学质量的提升。

二、研究思路

本研究以高校青年教师心理特征为切入点,首先梳理了国内外专家学者对教师尤其是高校教师心理特征研究的成果,对高校教师心理特征研究现状进行了综述,明确了已有研究的不足,并从高校青年教师心理发展理论、职业心理理论、职业压力与心理健康理论等方面进行了理论探讨。其

---

❶ 关于加强和改进高校青年教师思想政治工作的若干意见[EB/OL].(2015-12-21)[2016-12-21].http://www.moe.edu.cn/l.2015-12-21.
❷ 张积家,陆爱桃.十年来教师心理健康研究的回顾和展望[J].教育研究,2008(1).
❸ 孙红策.高校教师心理健康现状及对策研究[D].锦州:渤海大学,2014.

次，以前期综述及理论研究为基础，制定了北京高校青年教师心理特征调查问卷初稿及访谈提纲，经过试测、检验和修改，形成了调查工具定稿。最后，本研究以学校为单位，开展对北京市八所高校进行随机抽样和问卷调查，并对相关教师进行访谈，采用定性和定量的方法分析高校青年教师心理特征现状及存在的问题，得出了相关结论。同时，本研究总结已有研究成果，对如何提升北京高校青年教师心理素质，促进高校教师队伍建设提出了有针对性的对策与建议。

三、研究方法

本研究主要采用问卷调查法、访谈法、经验取样法、情感分析法、文本分析法和文献研究法等方法进行研究。

（一）问卷调查法

问卷调查法是研究者依据研究主题设计调查问卷，按照标准化的程序，把问卷分发或邮寄给研究事项有关的人员，然后对问卷回收整理，并进行统计分析，从而得出研究结果的研究方法。问卷调查法最初由英国的高尔顿创立，他于1882年在英国伦敦设立人类学测验实验室，把需要调查的问题都印成问卷寄发出去收集资料，这为人们探索社会现象的奥秘、认识社会现象的规律性增添了一种新的工具。❶ 本调查所使用的工具是自编调查问卷。问卷由被试基本情况、心理特征评估量表、补充信息问卷三部分构成。其中，心理特征评估量表是核心。问卷编制的依据是普通心理学、心理测量学、社会心理学、教育心理学、心理诊断学的基本理论，同时参考成熟的测量工具如《症状自评量表（SCL-90）》和前人的研究成果，结合工作实际，最后编制出问卷。本问卷的特点，一是内容全面，涵盖心理特征的方方面面；二是作答容易，易获得被试的配合；三是自变量种类丰富，为数据统计提供

---

❶ 郑晶晶. 问卷调查法研究综述[J]. 理论观察, 2014(10).

较丰富的空间。在编制北京高校青年教师心理特征调查问卷的基础上，使用开发的问卷对北京市八所市属高校进行调查，通过SPSS统计软件对数据进行统计分析，探析北京高校青年教师心理特征现状与存在的问题。

（二）访谈法

一般认为，访谈法就是研究者与研究对象进行研究性交谈，根据研究对象的答复搜集客观的、真实的有关心理特征和行为数据第一手资料，并据此进行深入研究的方法。按照对访谈过程的控制程度分类，访谈法可分为结构式访谈、半结构式访谈和无结构式访谈。本研究主要采取的是半结构式的深入访谈方法。半结构式访谈指事先准备访谈提纲，根据研究设计对受访者提出问题，将访谈提纲作为一种提示，再根据访谈的具体情况对访谈的程序和内容进行灵活调整。❶它不同于事先设计好全面的访谈提纲并严格按照刻板程序的结构化访谈，也不同于漫无边际并且主题较为分散的无结构式访谈。它是紧密围绕主题进行有针对性的访谈，访谈者可以根据访谈时的实际情况灵活地进行必要的调整。至于提问的方式和顺序、访谈对象回答的方式、访谈记录的方式和访谈的时间、地点等没有具体的要求，由访谈者根据情况灵活处理。只有这样，才能在收集资料的过程中，通过参与社会治理主体的不同研究对象进行面对面的深入交谈，收集丰富、生动和真实的第一手资料。其目的是要理解访谈对象用自己的语言表达出来的对有关工作、生活、经历和情景的各种观点，希望理解其经历或经验的内在意义，全面把握和还原其工作和生活的真实情景，深入感悟每个生命个体对于现实意义的理解。

（三）经验取样法

经验取样法是多次收集人们在较短时间内对生活中经历的事件的瞬时

---

❶ 陈向明.质的研究方法与社会科学研究[M].北京:教育科学出版社,2006.

评估,并对其进行记录的一种方法。它采用重复抽样的方式,收集易受时间和个体因素影响而变化的信息。[1] 它最大的特点就是在多时间点搜集个体的即时性反应(包括情绪、感知、态度和评价等)。由于日常中的较小事件或心理反应都会对人及人的行为产生更多的影响,所以研究者不能只关注印象深刻的大事件。经验取样法通过受访者短时间内回答非连续的、非具体的、频繁的问题来减少社会期望带来的偏差。[2] 正因为如此,它可以用来更为有效地研究个体变量随时间和情境变化的轨迹及其相关的影响因素。例如,随时间和情境的变化,个体可能经历很大的情绪变化,但这种情绪变化呈现什么样的特征,以及"为什么"会发生这样的波动。这样的研究问题运用横截面数据或一般的纵向数据进行研究是很难准确阐释的,并且容易受到回忆偏差的影响。而经验取样法可以"实地、实时"地收集个体受社会情境因素影响的动态的个体数据,用来研究个体内的变量之间的关系。沈伊默和袁登华在研究方法的改进中指出,以往问卷法的不足是认为用日记法可以弥补传统静态研究的不足。[3]

(四) 情感分析法

情感分析法是指利用自然语言处理、统计或机器学习等技术对文本的主观态度、情绪或观点进行语义定向或极性分析,也可称作观点挖掘。根据文本的层次,从宏观到微观可将情感分析分为文档、句子和词汇三个水平。文档水平的分析关注将整个文档区分为主观或客观、正性或负性。相对于文档,句子水平的分析更加有效。因为一个文档既包括主观句,也包括客观句。例如,新闻一般被认为是客观的。而词汇是语言的基本单位,

---

[1] Bolger, N., Laurenceau, J. P. Intensive longitudinal methods: An introduction to diary and experience sampling research[M]. New York: Guilford Press, 2013.
[2] Schulz, M. S., Cowan, P. A., Pape, C. C., & Brennan, R. T. Coming home upset: Gender, marital satisfaction, and the daily spillover of workday experience into couple interactions[J]. Journal of Family Psychology, 18(1).
[3] 沈伊默,袁登华.心理契约破坏研究现状与展望[J].心理科学进展,2006(6).

词的极性与句子或文档的主观性之间有密不可分的关系，含有一个形容词的句子有56%的可能性是一个主观句。除了形容词之外，动词、副词和名词等也具有一定作用。此外，个体在进行语言表达时所选择的词汇不仅能够反映其性别、年龄等人口学特征，还能折射其动机、人格、社会地位等心理或社会特质。因此，词汇是文本情感分析的基础。Pang和Lee对文本情感分析的方法和技术有过详细论述。目前，常用的方法主要有：①基于自然语言处理技术，通过确定情感表达与主题之间的关系，分析文本中某一主题的情感倾向而不是简单地将文本分为正负性。②基于机器学习，根据训练数据并利用支持向量等技术，将文本区分为正负性；还有一些学者将自然语言处理加工和机器学习技术结合起来。对于小文本，如Twitter.com或新浪微博（www.weibo.com）等微博客上的文本并不适用。针对微博客文本的情感分析，多数研究者建议采取词汇匹配技术，如含有正性词的微博客文本的情感倾向为正性，而构建合适的情感词库无疑是这种方法的基础。

除此之外，本研究还运用了文本分析法和文献研究法，以"高校教师"为关键词对于一些网络平台如"天涯论坛""丁香园论坛"等有关高校教师的板块作了梳理，从中发现一些质量较高的帖子、梳理出高校青年教师的一些故事，使用NVIVO11.0软件对相关的文本进行分析。同时，本研究对中国知网、ProQuest等数据库有关高校教师心理研究的相关文献也进行了系统收集、整理，评述已有研究成果，提出研究设想，明确研究思路和研究方法，为后续研究奠定了基础。

四、研究意义

高校青年教师的心理特征和心理健康。教师不仅决定着高校的发展，而且还会通过育人而影响社会的进步。本研究从高校青年教师心理发展理论、职业心理理论、职业大力与心理健康等多维度来研究高校青年教师心理特征基本理论，探究各维度的内在联系，是对教师心理基本理论研究的有益补充。

当前，我国高校教师成就动机低下、学术造假、抑郁自杀等行为和心理问题时有所闻，在某种意义上破坏了高校教师的社会形象，影响了社会公众对高等教育的信任。本研究通过定性与定量相结合的研究方法，调查分析北京高校青年教师心理特征情况，能更科学、更客观地反映青年教师心理特征现状及其所存在的问题；以教师心理特征基本理论为基础，针对调查中所发现的问题提出有益建议，能更好地促进北京高校青年教师心理健康发展，帮助青年教师健康成长，提升高校人才培养质量，加快北京高校教育国际化步伐，为北京建设中国特色的世界城市提供人才支持和保障，在当前具有相当重要的现实意义。

五、研究难点与创新

调查工具与访谈提纲开发是后续研究的基础，不仅要基于已有研究、结合实际开发北京高校青年教师心理特征调查工具，而且还需进行信度与效度检验，以便调查工作有效开展。在访谈过程中，要通过多种途径与访谈对象进行深入的交流与沟通，实施有效的深度访谈是案例研究的前提和基础，这是研究工作所面临的首要难点。另外，我国高校教师心理特征理论研究相对薄弱，还需要吸收国外教师心理特征理论，开展理论本土化研究，为课题研究奠定深厚的理论基础。同时，在前期北京高校青年教师心理特征现状研究的基础上，还要有针对性地提出促进青年教师心理健康发展，提高师资队伍建设质量的对策与建议。

在研究创新方面，本研究从教师的认知、需求动机、心理健康、职业压力等多个维度展开研究，能挖掘教师心理特征各要素之间的内在联系，提升研究工作的理论价值和应用价值。同时，本研究通过定性、定量分析，探寻北京高校青年教师心理特征现状，并有针对性地提出改进建议，有益于促进北京高校青年教师心理全面健康发展及高校人才培养质量的提升。

第一章　高校教师心理特征研究概况

第一节　教师心理特征的内涵

一、心理特征的内涵

　　心理特征就是人们在从事社会活动时经常表现出来的本质的、相对稳定的心理现象，它具有稳定性、个性倾向性、差异性等特点。心理特征可以从广义和狭义两方面理解，广义的心理特征是指人们在社会实践活动中比较稳定的心理特点的总和，包括人们相对稳定的心理特征的各个方面。狭义的心理特征是指反映个体基本精神面貌和意识倾向，并体现出个人心理活动的独特性的特征，又称个性心理特征，主要包括能力、气质、性格和兴趣等方面内容。❶ 能力是使人能顺利完成某项活动所必须具备的心理特征，它包括已经发展成或者是表现出来的实际能力和可能发展的潜在能力。潜在能力是实际能力形成的基础，实际能力是潜在能力的展现，二者是密不可分的统一体。按照能力的倾向性，可以将能力分为一般能力和特殊能力，一般能力是指观察、记忆、思维、想象等能力，通常也叫智力。它是人们完成任何活动所不可或缺的，是能力中最主要、最一般的部分。特殊能力是指人们从事特殊职业或专业需要的能力。人们从事任何一项专业性

---

❶　甘葆露.中国伦理学百科全书——德育伦理学卷[M].长春:吉林人民出版社,1993.

活动既需要一般能力，也需要特殊能力，二者的发展也是相互促进的。❶ 气质是个人生来就具有的心理活动的动力特征，主要表现为个体心理活动过程的速度和稳定性、心理过程的强度和心理活动的指向性。心理活动的动力是指人的认识、情感、言语、行动中，心理活动发生时力量的强弱、变化的快慢和均衡程度等稳定的动力特征。古希腊医学家希波克拉底按照人的四种体液所占比例的不同来区分和命名气质，提出了多血质、黏液质、胆汁质和抑郁质四种类型。四种基本气质类型的典型人物在同一处境中举止、言行等方面的表现各不相同。性格是个体对客观现实所持的稳定的态度，以及与之相适应的习惯了的行为方式。它是心理特征的核心部分，受人的意识倾向性的制约，体现了个体的社会性内涵。个体心理特征在个性结构中并非孤立存在，它也受动机、理想、信念、兴趣等个性倾向性的制约作用，使个体表现出在时间上和情景中的一贯性，体现个体行为。

心理特征因人们所处的社会、经济、科学技术的发展水平，以及工作性质的不同而存在显著的差异。教师作为一种特殊的职业群体，其工作对象是人、是学生、是正在成长中的个体，教师正是通过言传身教等特殊的工作途径和方式将每一名学生培养成合格的社会人，因此教师具有独特的心理特征。

二、教师心理特征的内涵

中外学者对教师心理特征的概念的理解具有多元性的特点。西方学者通过大量研究调查发现，教师的认知特征、人格特征、期望、教学效能感、职业倦怠等心理特征与教师职业成就密切相关，莫斯（Morsh, J. E.）和怀尔德（Wilder, E. W.）、巴尔（Barr, A. S.）和琼斯（Jones, R. E.）通过研究发现，教师工作是一种复杂的脑力劳动，为了使教师工作有效进行，教师必须具备最低限度的智力水平。智力超过某一关键水平以后，它不再起显著作用，而其他认知因素或人格特征就起着更大的决定作用。所罗门

---

❶ 王雁.普通心理学[M].北京:人民教育出版社,2002.

(Solomon，D.)、希勒（Hiller，J.H.）、诺尔（Knoell，D.M.）等学者的研究表明，教师的表达能力、组织能力，以及思维的条理性、系统性、合理性等特殊智慧能力，与教学效果有较高的相关性。加涅（E.D.Gagne）认为，教师的知识结构首先包括高度组织化和精制化的陈述性知识，它主要是指教学领域中的一般原则及其联系，包括教材内容知识、教学法和课程知识。这些由命题、表象、规则组成的知识构成了教师教学的陈述性知识基础。其次，教师的知识结构还包含自动化的基本技能系列，也称为教学常规，即课堂教学步骤的固定模式，其内容有课堂管理和作业检查等。同时，它还包括灵活多变、适应性强的教学策略，是教师有效地计划教学，进行课堂教学和评估教学效果时所采用的方法与策略，如教学反馈、先前知识回顾等。教师的知识结构与教学效果具有较高的相关性，施穆克（Schmuck，R.）、科根（Cogan，M.L.）、瑞安斯（Ryans，D.G.）、西尔斯（Sears，D.）等学者的研究都表明，教师的热心、同情心和认可，以及教师富于激励和想象的倾向性等人格特征，对学生学习效果有正相关的影响。罗森塔尔和雅各布森（Rosenthal，R.& Jacobson，L.）的实验发现，教师的期望被传递给学生，学生会按照教师所期望的方向来塑造自己的行为，并将教师期望的自我应验的预言效应称作"皮格马利翁效应"。班杜拉（Bandura，A.）、吉布森（Gibson，S.）、德姆波（Dembo，M.H.）、阿希同（Ashton，P.T.）等学者通过对自我效能的研究发现，教师的教学效能信念是影响教师教学行为的一个重要因素，与学生的成绩、学生的动机、教师教改的欲望和教师的课堂管理等都存在显著相关。❶ 马勒施（Maslach，C.）和杰克逊（Jackson，S.E.）认为，在以人为服务对象的职业领域中，个体的一种情感耗竭、人格解体和个人成就感降低的症状即为职业倦怠，这是对教师的情感资源过度消耗造成的疲乏不堪、精力丧失，从而出现对服务对象负性的、冷淡的、过度疏远的态度，并出现胜任感和工作成就的下降。❷

---

❶ 皮连生.学与教的心理学[M].上海：华东师范大学出版社，2011.
❷ Maslach,C.Schaufeli.W.B.Leiter, M. P.Job burnout[J].Annual Review of Psychology,2001(2).

我国学者对教师心理特征的影响因素也进行了卓有成效的研究，钱铭怡、武国城等人对测量人格维度工具——艾森克人格调查量表（EPQ-RSC）进行了修订，形成了艾森克人格调查量表中国版（EPQ-RSC），为国内开展人格维度调查奠定了基础。唐芸认为，一个合格的教师所应具备的基本心理特征应是人格特征和认知特征，在人格特征方面分为四类：教师对学生的态度、教师对工作的态度、教师的思想品德方面和教师的个性方面。在认知特征方面分为三类：教师的知识、教师的教学能力、教师的教学方法和教学艺术。❶ 俞国良等研究者认为，教师教学效能感等因素是教师在教学活动中对其能有效地完成教学工作、实现教学目标的一种能力的知觉与信念，并与教学监控能力、教学策略和教学行为等因素相关。❷ 连榕等人对教师职业倦怠的心理特征进行了研究后发现，在职业承诺和职业倦怠上，专家型教师均优于新手和熟手型教师，而新手和熟手型教师则不存在什么差异。但在情绪耗竭维度上，三类教师差异不显著。这说明当前教师中普遍存在压力大、焦虑水平高、疲倦、无助等心理问题。❸ 张积家等人对教师心理健康问题的研究发现，教师心理不健康的高检出率意味着教师的心理健康问题已经达到了非常严重的地步，必须引起教育行政主管部门和全社会的关注。与幼儿园教师、中小学教师相比，高校教师面临教学、科研和社会服务三重压力，近年来高校扩大招生，导致高校教师工作负担普遍加重，高等学校教师心理不健康检出率最高。❹ 卢菊江认为，长期的教学生涯使教师群体形成了鲜明的职业心理特点，这些特点包括：求知多思、勇于探索、为人师表、自尊自制、意志坚定、独立性强、热爱学生、期望学生成才。❺ 倪龙泉认为，高校教师所特有的心理特征可以主要概指为：精神文化需要

---

❶ 唐芸.教师心理特征探新[J].四川师范大学学报,1990(6).
❷ 俞国良,罗晓路.教师教学效能感及其相关因素研究[J].北京师范大学学报(人文社会科学版), 2000(1).
❸ 连榕,孟迎芳,廖美玲.专家—熟手—新手型教师教学策略与成就目标、人格特征的关系研究[J].心理科学,2003(1).
❹ 张积家,陆爱桃.十年来教师心理健康研究的回顾和展望[J].教育研究,2008(1).
❺ 卢菊江.高校应针对教师心理特征运用激励机制[J].江汉大学学报,1991(1).

的优越性,自尊、荣誉需要的关切性,创造成就需要的强烈性,增强群体意识需要的自觉性,物质和精神需要的丰富性。这些需要都是由高等学校所承担的历史使命和高校教师职业本身特点来决定的。❶郅利聪等认为,教师所特有的心理特征包括教师具有强烈的自我实现意识,教师具有强烈的求知欲,教师心理特征具有个性差异性等特点。❷郭先根认为,当代青年教师是具有独特个性,属于高文化层次的人,视野开阔,观念新潮,思维比较活跃,具有现代化气息,勇于探索,求知欲望强,渴望享受丰富多彩的物质文化生活,努力寻求个人的发展,不断完善自我,实现自身价值。但由于青年教师社会阅历不深、经验不足,对社会生活的复杂性缺乏深入的认知,以及其他因素造成诸多方面的不足和问题,具体表现在心态不稳、自我表现欲强、自我评价不成熟、价值取向多样化、道德观念不成熟等方面。❸李兰巧从教师的认知特征、个性特征、态度特征、需要特征、心理健康及团体心理等方面,对教师的心理特征进行了分析和研究,并提出了相应的管理措施。❹

综上所述,教师的心理特征就是指在学校教育机构中从事教育教学、研究及教育管理工作的人员,在完成工作任务过程中呈现的相对稳定的特性。它包括教师的认知特征、个性特征、态度特征、需要特征、心理健康、教学效能感及职业倦怠等心理特征。由于受所处的时代背景、年龄阶段和职业地位等方面因素的影响,高校青年教师❺形成了不同于中、老年教师独特的心理特征。因此,本研究以高校青年教师心理特征研究的演进脉络

---

❶ 倪龙泉.高校教师的心理特征及其有效管理[J].辽宁师范大学学报,1988(4).

❷ 郅利聪,伍艳妮.试论教师心理特征及教师队伍建设[J].洛阳师范学院学报,2001(5).

❸ 郭先根.把握青年教师心理特征,促进青年教师思想工作[C].福建省高校思想政治教育研究会2005年年会优秀论文集,2005.

❹ 李兰巧.教师心理特征与管理研究[M].北京:中央广播电视大学出版社,2013.

❺ 目前,教育界对于"青年教师"的界定尚无定论。当前,教育管理部门及大部分研究人员都将"青年教师"(Y)界定为从事高校教学、科研和管理工作(Y)。但基于高校人才的特殊性和教师职业发展等因素的影响,当前高校青年教师入职的平均年龄为29岁左右,达到职业相对成熟年龄则为45岁左右。因此,本研究所说的高校"青年教师"特指:具有高校正式编制、年龄在20~45岁(1970—1995年出生),在高校从事教学、科研及教育管理工作的人员,不含合同工、临时工、外聘人员及试用期人员。

和影响因素探究为起点，为后续开展高校青年教师心理特征实证研究，并为促进高校青年教师身心健康发展和教师队伍建设提出建设性意见奠定基础。

第二节　高校教师心理特征研究的演进脉络

一、高校教师心理特征研究范式的转换

教师心理特征研究与教育心理学研究和教育科学化运动发展是息息相关的，自20世纪初期以来，主要经历了从教师行为特征、认知特征到教师互动特征研究的研究范式的转变。20世纪初期，受华生、托尔曼、斯金纳等行为主义心理学家的影响，研究者认为，研究教师心理不应该研究意识，而只应该研究教师的行为。他们主张以观察法、条件反射法、测验法和社会实验法作为主要的研究方法，应该从对教师行为的研究预测来了解教师的心理。20世纪20年代，由桑代克等人对这一观点加以具体化。他通过大量的实验，借用大量生物学和生理学的概念建立了联想主义心理学说，使教育心理学逐渐成为一门独立的学科。20世纪60年代，斯金纳积极倡导"程序教学"。他认为，学生的学习行为和结果与教师在课堂中表现出来的行为有直接关系，教师应该采用两种方法来控制学生的行为。其一是安排好强化塑造学生行为，其二是提供强化引导学生。因此，教师应该改进教学方法和技术，不断强化学生的行为。

随着以纽厄尔、西蒙为代表的认知心理学理论的提出，教师认知研究逐渐成为一种新的教师心理特征研究形式。这一理论强调认知过程的整体性，认为人的认知过程就是信息的编码、提取和使用的过程，强调人已有的知识和结构对行为和当前的认知起决定作用。与行为主义心理学家相反，认知心理学家从研究观察对象的行为转变为研究不能观察的内部机制和过程。在这一理论框架内，教师被当作课堂中的信息加工者，研究者将视角

转向教师思维、知觉、知识和专业技能的形成，以及准备教学、开展教学及教学评价过程绩效背后隐藏的认知变量。这一阶段，研究者从教师认知入手，重视内隐的认知过程变量研究。从最初教师行为特征研究仅仅关注教师的外显特征，到后来教师认知特征研究克服了前者摒弃意识研究的不足，但却忽视了教师情感特征和自我意识领域特征的研究。

随着教育心理学体系的不断完善，内容的日益多元，建构主义、人本主义等理论思想为越来越多的研究者所关注，他们重视社会文化互动的作用，强调人的价值、创造力和自我实现。在研究中，他们不断强化对教师作为人的心理特征研究，关注教师之间、师生之间情感的作用，关注教师与周围环境的互动与交互作用，将研究视野从课堂延伸至教研室、家庭、社会等多种情境中，通过教师在这些复杂情境中表现出的显性、隐性的特征较为全面的理解、剖析教师心理特征，促进教师发展。

二、高校教师心理特征研究分类的变迁

在教师心理特征研究过程中，诸多国内外研究者通过问卷调查及访谈等形式，对不同类型的教师进行分类研究。美国教育协会（National Educational Association）通过调查发现，一名优秀教师应该热爱教育事业、热爱学生，具有良好的工作习惯和表达能力，良好的与人合作能力，健康且充满活力等18项良好品质。巴贝利（Bably）等研究发现，具有完善品质的教师应该乐观、热心、公正、严谨，还应该具有同情心及良好的谈吐等10项品质。博贝克（Bobek）等人研究认为，一名成功的教师应该具有的本质属性包括较强的效能感、强烈的成就感、谈吐的幽默感、工作的胜任感。❶ 帕特森（Patterson）等研究者认为，优秀的教师首先应该具有正确的世界观及价值观，具有强烈的使命感，认同教师职业，自愿成为一名教师，并通过自身的使

---

❶ Bobek, B. L. Teacher Resiliency: A Key to Career Longevity[J]. The Clearing House, 2002 (4).

命感和责任感获得个人职业可持续发展的不竭动力。❶ 曼斯费德（Mansfield）等研究者认为，在当前压力、竞争和责任巨大的教师职业，一名优秀的教师应该具有较好的心理韧性，即要热爱教学工作，具有积极乐观的精神状态、有效的教学技能、极强的责任感、较好的社交能力和抗压能力等。❷

国内关于教师心理特征的分类研究也较多，徐桂清、张景焕、徐希铮等研究者运用质性研究方法，对大学优秀教师进行了深度访谈。他们通过研究发现，大学优秀教师的心理特征是由敬业精神、教学能力、关爱学生、科研能力、人格魅力、学识素养六个类别组成的，它们代表了教师教学的动力系统、能力系统和性格特征三个方面。❸ 钟启泉认为，创造性的教师应具备创造精神、理智好奇心、师生共同求知的态度，以及创造性评价能力等。❹ 张景焕等人对创造型教师心理特征和成长历程进行了研究。他们认为，创造型教师不仅需要自身具有创造动机和好奇心等特征，而且还要能接纳和赏识学生创造性，将创造力培养策略创造性地在教学设计、教学过程和日常管理等方面，并将培养学生的创造力看作是工作的重要目标。❺ 连榕采用自编量表，从教学策略、成就目标定向、人格特征、职业承诺和职业倦怠等方面对新手型、熟手型、专家型教师进行了调查研究。经过比较发现，这三类教师各有侧重，对前三项内容的调查发现，专家型教师优于熟手型教师，熟手型教师优于新手型教师；而对后两项内容的调查发现，专家型教师均优于熟手型教师和新手型教师，而熟手型教师与新手型教师未显示出明显的差异。❻ 董鹏、郑慧敏等对高校女教师心理健康进行了实证研究，结果发现，高校女教师心理健康状况不容乐观，应尽早加强心理干

---

❶ Patterson,J. H.,Collins,L.,&Abbott,G. A study of Teacher Resilience in Urban Schools[J]. Journal of Instructional psychology,2004(1).
❷ Mansfield C. F.,Beltman.S.,Price,A.,& McConney,A. "Don't Sweat the Small Stuff": Understanding Teacher Resilience at the Chalk Face[J]. Teaching and Teacher Education,2012(28).
❸ 徐桂清,张景焕,徐希铮.大学优秀教师的心理特征[J].高校教育管理,2011(3).
❹ 钟启泉.现代教学论发展[M]. 北京:教育科学出版社,1992.
❺ 张景焕,申燕.创造型教师的心理素质与课堂教学行为[J].山东师范大学学报,2008(2).
❻ 连榕.新手—熟手—专家型教师心理特征的比较[J].心理学报,2004(1).

预。❶ 李志等通过对高校高成就动机教师的调查发现，强烈的自尊心、执着的成就欲、旺盛的理智感、火热的情感、坚定的意向等是他们共同的心理特征。❷ 闵琴琴对独立学院青年教师心理应激及应对策略进行了研究。❸ 张含卓、欧雪梅、刘蕾等对高校青年教师的心理素质特征进行了研究，分析了其常见的心理问题。❹ 陈瑞清总结了非常教师的五大心理特征，即对工作饱含热情、有独特的教学风格、创造活跃的课堂气氛、擅长与学生交流、激励学生挖掘自身潜能。❺ 王大芳❻、林龙❼等认为，专家型教师应该具有以下心理特征，即具有系统、组织化的专业理论知识，具有高度的教学效能感，具有创造性解决问题的能力，具有自觉的教学反思能力，具有较强的科学研究能力。

三、高校教师心理特征研究视角的选择

近年来，研究者从教师心理健康、职业倦怠、职业压力、教学效能感及个性特征等不同视角切入对教师心理特征展开研究。在教师心理健康方面，国内自20世纪90年代开始才逐渐有所增加。理论研究多，实证研究少。理论研究一般采用文献分析、经验总结等方法展开，实证研究大部分则采用问卷调查与心理测量相结合的方法。其中，问卷调查多以开放式问卷形式或自编的教师心理健康问卷为主，约95%的文献在心理测量中采用SCL-90症状自评量表为测量工具。研究内容主要围绕教师心理健康的标准、当前状况及影响因素等方面进行。❽ 在教师职业倦怠方面，1974年，美国临床心理学家弗鲁顿伯格（Herbert J. Freudenberger）在研究职业压力时首次

---

❶ 董鹏,郑慧敏.我国高校女教师心理健康实证研究[J].中国人民大学教育学刊,2012(3).
❷ 李志.高成就动机教师的心理特征及其引导[J].教育管理,1995(1).
❸ 闵琴琴.独立学院青年教师心理应激及应对策略研究[D].南昌:南昌大学,2011.
❹ 张含卓,欧雪梅,刘蕾.论高校青年教师的心理素质特征及提升途径[J].吉林省教育学院学报,2012(4).
❺ 陈瑞清.非常教师的心理特征[J].陕西教育·理论,2006(7).
❻ 王大芳.专家型教师形成的心理特征及其成长途径[J].科学大众,2007(12).
❼ 林龙.专家型教师的心理特征及成长途径[J].湘潮,2008(3).
❽ 梁盼.我国教师心理健康状况研究综述[J].西部素质教育,2016(1).

将"职业倦怠"应用到心理特征研究领域。教师职业倦怠是国内外学者研究教师心理特征的一个重点内容。我国研究者在高校的研究对象以教学科研为主的专职教师和以学生管理人员和专职辅导员为主；研究内容主要围绕教师职业倦怠的定义、测量、成因、危害与表现和应对策略，以及研究的特点与发展趋势等方面进行；研究理论和研究工具六部分是从国外引进的。❶❷ 在教师职业压力方面，研究者主要采用问卷法和理论分析法，对高校教师心理压力产生的原因、心理压力现状、职业压力源和应对策略等问题进行了研究。通过研究发现，高校教师成就动机因素和与社会期望心理压力相关，高校教师的职业压力主要来源于业务、人际关系、考核评价机制、经济状况等方面，造成高校教师职业压力的原因包含社会原因、学校管理原因、个人原因等。❸ 在教师教学效能感方面，自20世纪70年代美国心理学家班杜拉（Albert Bandura）提出是个人对自己完成特定领域工作能力的主观评估将直接影响其行为动机以来，研究者就开始关注教师如何看待自己的教学效果和教学能力，以及这种自我认知和评价与学生发展之间的关系等问题，并从教学效能感的定义与结构、教学效能感对教师教学行为和学生学习的影响、教师个性心理特征与教学效能感的关系、教学效能感相关影响因素等方面进行理论和实证研究。这项研究表明，教师的教学效能感与教师的职业态度、职业倦怠，以及教师的心理特征都存在显著的相关，是影响教师的教学行为、教学效果，以及学生学习动机的一个重要因素。❹❺ 在教师个性特征方面，研究者对个性特征与心理健康、教学效能感及教学质量的关系进行了调查分析。通过研究发现，教师的性格特征与心理健康有密切的关系，❻ 教师的个性特征与教学效能感相互影响，❼ 教师

---

❶ 胡春梅,姜燕华.近三十年来国内外关于教师职业倦怠的研究综述[J].天津市教育科学学院学报,2006(6).
❷ 张靖宇.近10年来教师职业倦怠与心理健康关系问题研究综述[J].工业技术与职业教育,2015(12).
❸ 李莉莉.国内高校教师职业压力研究综述[J].安徽电气工程职业技术学院学报,2010(6).
❹ 周丽.国内教师教学效能感近十年研究综述[J].太原城市职业技术学院学报,2013(3).
❺ 王国良.国内高校英语教师教学效能感实证研究回顾[J].教育评论,2014(4).
❻ 李晶,陈廷.教师个性特征与心理健康的相关性研究[J].中国公共卫生,2004(4).
❼ 杨敏生.教师个性特征与效能感的相关研究[J].现代教育科学,2008(3).

的职称、学历、教龄均与教学质量呈正相关,而科研能力的影响方向不一致。❶ 同时,研究者还从教师心理契约、认知特征、态度特征等方面对教师的心理特征进行了理论和实证研究。

四、高校教师心理特征的研究方法与工具的变化

为了从不同维度研究教师心理特征,研究者采用不同研究方法和研究工具开展了定性和定量研究。沃尔自编《教师成就目标定向问卷》,采取七分制测量教师的任务目标和成绩目标。平爱红❷、陈楠❸、陈向丽❹、李秀超❺等使用德若伽提斯(Derogatis)的《SCL-90自评量表》对我国高校教师心理健康状况进行调查。该量表共包含90个项目,内容包括思维、情感、行为、人际关系、生活习惯等项目,内容广泛,评定方法分为五个等级。钟真❻、胡海涛❼等人采用美国社会心理学家莎菲利(Schaufeli)与马丝拉(Maslach)编制的《教师工作倦怠量表》对教师工作压力和工作倦怠情况进行调查,量表共22个项目,包括情绪衰竭、去个性化与自我成就感三个维度,问卷采用五点量表评定。辛涛、申继亮、林崇德等研究者编制了《教师教学能力监控量表》,该量表包括教学监控能力的计划性、组织性、管理性、沟通性等六个维度。❽ 廖美玲参照陈仲庚修订的EPQ问卷和徐方忠等修订的成就目标问卷,编制了《教师成就目标问卷》等调查工具,测量教师的任务目标和成绩目标。❾ 吴安春等编制的《教师人格量表》,包括自信型、思考型、安静型、严肃型、谨慎型、活泼型、自我型七个维度,共

---

❶ 惠调艳,段阿曼.高校教师个性特征与教学质量关系分析[J].中外企业家,2011(16).
❷ 平爱红.高校青年教师心理健康状况调查及建议[J].教育探索,2015(2).
❸ 陈楠,李晓松,刘巧兰,刘元元.基于SCL-90的中国高校教师心理健康状况系统评价研究[J].卫生研究,2014(6).
❹ 陈向丽.高校青年教师心理健康现状及影响因素研究[J].学理论,2014(11).
❺ 李秀超.高校青年教师心理健康状况调查及建议[J].浙江水利水电学院学报,2014(1).
❻ 钟真.高职院校教师工作压力、组织公平感与工作倦怠的关系研究[D].长沙:中南大学,2011.
❼ 胡海涛.高校教师工作压力与工作倦怠的关系研究[D].大连:大连理工大学,2007.
❽ 辛涛,申继亮,林崇德.教师教学监控能力的结构:一个验证性的研究[J].心理学报,1998(7).
❾ 廖美玲,连榕.新手—熟手—专家型教师成就目标定向与人格特征的研究[J].应用心理学,2002.

36个题项。❶ 朱琳编制的《教师创造性人格量表》,包括教师自身、课堂教学、班级管理活动三个维度,共62个题项。❷ 许玲等人编制了《高校教师心理压力问卷》,从教师工作保障和负荷、职业发展和自我期望、人际关系、情绪及行为表现等八个维度调查高校教师心理压力的情况。❸ 徐桂清等运用访谈法对教师心理特征进行了研究。❹ 但林崇德等认为,教师心理研究应注重研究方法的多元化,多种方法综合使用,以真正有利于教育教学实践工作。❺

五、高校教师心理特征研究在地域上的拓展

我国地域辽阔,因经济、文化、地理和历史原因而造成的区域人群心理特征差异明显。当前,许多地区开展了针对当地高校不同群体教师的心理特征研究,如刘丽霞❻、张楠楠❼、刘纯姣❽、刘明智❾、陈翠翠❿、张仙智⓫等人对上海市高校教师心理健康状况、职业倦怠、职业压力、心理挫折感等方面进行了研究,发现教师心理健康状况、职业倦怠受教龄影响显著,年龄、教龄与教师心理压力相关,工作压力和心理健康有显著相关性等特点,并对不同类别高校教师心理特征状况进行了深入探析;李柳⓬、王妍⓭、韩霞⓮、田永果⓯、陈向丽⓰等对河南省高校教师心理现状进行了调

---

❶ 吴安春,曹树.中学教师的人格发展特点及影响因素的研究[J].南京师范大学学报(社会科学版),1998(2).
❷ 朱琳.教师创造性人格量表的初步编制[D].重庆:西南师范大学,2004.
❸ 许玲,张云钢.高校教师心理压力的分析与对策[J].学园,2013(36).
❹ 徐桂清,张景焕,徐希铮.大学优秀教师的心理特征[J].高校教育管理,2011(3).
❺ 辛涛,申继亮,林崇德.教师教学监控能力的结构:一个验证性的研究[J].心理学报,1998(7).
❻ 刘丽霞.上海市高校体育教师心理挫折感调查[J].文教资料,2005(31).
❼ 张楠楠.上海市民办高校教师职业倦怠与心理控制源的相关研究[J].教育与职业,2007(24).
❽ 刘纯姣.上海市财经类高校教师心理健康现状调查研究[J].心理科学,2009(6).
❾ 刘明智.上海市普通高校体育教师职业倦怠与职业压力关系的调查研究[D].上海:上海体育学院,2011.
❿ 陈翠翠.上海市民办高校教师心理幸福感及其影响因素研究[J].长春教育学院学报,2013(17).
⓫ 张仙智.上海市高校教师工作压力与心理健康的现状及关系研究[J].健康教育与健康促进,2015(5).
⓬ 李柳.河南省高校体育教师心理健康现状分析及对策研究[D].成都:四川大学,2006.
⓭ 王妍.焦作市高校教师心理健康现状分析与对策研究[J].唐山师范学院学报,2011(3).
⓮ 韩霞,焦燕鸽.河南省高校青年教师心理状况调查[J].青春岁月,2013(19).
⓯ 田永果.河南高校教师心理健康状况调查及对策研究[J].河南城建学院学报,2013(3).
⓰ 陈向丽.河南省高校青年教师心理健康现状及影响因素[J].湖北广播电视大学学报,2014(5).

查研究后发现，高校教师心理健康总体状况不容乐观，心理问题覆盖面广，心理健康状况在不同年龄、性别、学历、职称等方面表现出差异性；黄忠兴❶、严军锋❷、王文青❸、张婷❹、管云霞❺、何星舟❻等对浙江省高校教师教学效能感、职业倦怠、职业压力及应对方式、心理健康、心理契约现状等问题进行了调查，结果发现不同年龄、教龄、职称、婚姻和子女状况的高校教师心理健康状况和职业压力存在显著差异，教师多采用消极的应对方式处理心理问题，教学效能感对职业倦怠有显著的负性影响，部分教师认为学校没有很好地履行应该履行的义务。李晶❼、林素娟❽、贾青俊❾、王来宾❿、任波⓫、伍安春⓬、张厚如⓭、哈丽娜⓮、钱静珠⓯、许玲⓰、韩敏⓱等人分别对山东、重庆市、河北、安徽、天津、吉林省、宁夏、广东、广西、江苏、云南等地高校教师的自我效能感、职业倦怠、心理健康现状、心理契约、心理压力分析及调适策略等心理问题都进行了调查。调查结果发现，教师职业自我效能感与职业压力和职业倦怠之间均存在一定的负相

---

❶ 黄忠兴.浙江省高校体育教师工作压力、心理健康及其关系研究[J].武汉体育学院学报,2006(8).
❷ 严军锋.浙江省高校体育教师工作压力、应对方式与心理健康的关系研究[C]//经济发展方式转变与自主创新——第十二届中国科学技术协会年会:第三卷,2010.
❸ 王文青.民办高校教师心理契约现状调查与分析——以浙江省为例[J].佳木斯教育学院学报,2011(4).
❹ 张婷.高职院校教师教学效能感与职业倦怠的特点及关系研究[J].浙江工商职业技术学院学报,2011(2).
❺ 管云霞.衢州市高校教师职业压力与心理健康状况的实证分析[J].顺德职业技术学院学报,2013(1).
❻ 何星舟.高校青年教师心理健康现状调查研究——以浙江省25所高校为例[J].教育评论,2015(11).
❼ 李晶.教师个性特征与心理健康的相关性研究[J].中国公共卫生,2004(4).
❽ 何炯祥,林素娟.广西高校教师心理现状分析[J].广西财经学院学报,2006(12).
❾ 贾青俊,等.山西省四所地方高校教师心理健康状况调查研究[J].运城学院学报,2008,26(4).
❿ 王来宾.高校教师职业自我效能感与职业倦怠之关系[J].池州学院学报,2009(2).
⓫ 任波.天津市高校教师心理健康现状分析及对策[J].天津大学学报,2009(3).
⓬ 伍安春,陈敏.重庆市四所高校教师心理健康现状调查及分析[J].重庆交通大学学报,2010(5).
⓭ 张厚如.民办高校教师心理契约研究——以珠三角地区为例[D].成都:西南交通大学,2011.
⓮ 哈丽娜,张学平,等.宁夏高校教师心理健康现状调查研究[J].长治医学院学报,2012(5).
⓯ 钱静珠,钱咏霓,吕月丹.高校教师心理压力分析及调适策略研究——以南京工业大学为例[J].江苏教育学院学报,2013(2).
⓰ 许玲.高校教师心理压力的分析与对策——以昆明市高校教师为例[J].学园,2013(36).
⓱ 韩敏.大学英语青年女教师职业发展中的教师自我效能感、职业压力与职业倦怠的关系研究[D].兰州:西北师范大学,2013.

关关系，职业压力与职业倦怠呈显著正相关，影响教师心理健康的因素主要有工作压力、考核评比和职称晋升等，教师常进行自我心理调适，其心理健康知识大多来自阅读心理学书籍。葛新❶、张华❷对北京高校青年教师身体健康状况、心理状况展开了研究。调查显示，青年教师总体健康状况不容乐观，他们感受到较大的心理压力，压力来源依次为个人发展、科研、生活、教学、家庭压力等。2012年，北京市委教育工委组织多所高校主管校领导召开了北京高校青年教师工作座谈会，提出充分重视高校青年教师在工作生活中所面临的困难和压力，真正把青年教师队伍建好。

第三节 高校青年教师心理特征研究的思考

一、影响因素分析

（一）高校教师的职业特征

高校主要承担着人才培养、科学研究、社会服务和文化传承与创新四大基本职能。首先，高校教师要完成教学过程的创新，在充分研究当代大学生群体共性和施教对象特性的基础上，通过对人才培养目标的理解，探究教学内容的科学性、合理性、实践性和前瞻性，并通过选择有效的教学方法和途径实现教育目的，实施教育教学实践活动，这种理解、探究、选择、实施的过程就是教师创新的过程。同时，教师还要结合日常课堂教学和实践教学环节，培养和提高大学生创新创业和科学研究能力的任务。其次，高校教师还承担着科学研究、社会服务和文化创新工作。他们不仅要结合高等教育发展情况开展专业与学科建设、课程与教材、校企合作、实

---

❶ 葛新.北京高校青年教师身体健康状况与体育锻炼的研究[D].北京:北京体育大学,2006.
❷ 张华,曹洪涛,等.北京高校青年教师心理状况分析与调适[J].首都医科大学学报,2010(12).

践教学等方面的教育教学改革，还要承担国家或企事业单位的课题和研究项目，开展科学研究和创新服务，从而为促进科学技术创新及发展社会生产力服务。

高校教师就是要根据社会发展的要求对大学生有目的、有计划、有组织地施加影响，面向学会学习、学会合作、学会生存和学会做人的目标，使他们逐渐成熟思想、积累知识、丰富素养、提高综合素质，不断实现自然人向社会人的转变，成为社会发展所需要的高级专业人才。这是高校教师的劳动体现，也是高校教师职业最显著的特征之一。教师劳动对大学生的影响是在他们步入社会、走上工作岗位后逐渐体现出来的，并可以长期发挥作用，而且这种持久性变化是可以伴随学生终生的。因此，教师劳动不是立竿见影的，而且难以量化评估。教师劳动效果的产生是滞后的、延时的、内隐的，这让他们在社会发展中处于幕后服务者的境地，因此需要教师有更多的服务意识和奉献精神。

现代教育家徐特立先生曾经指出，教师是有两种人格的，一种是"经师"，另一种是"人师"。"经师"是教学问的，"人师"是教行为的。既能传授知识，又能弘扬道德，两者结合，才能成为最完美的教师。大学生作为当前社会新技术、新思想的前沿群体，以及推动社会未来进步和发展的栋梁之材，高校教师的示范性表现为要用自身的人格特征来影响、教育这一先进群体，使他们的身心向着人才培养目标发生预期的变化。此时，教师的心理特征、行为表现成为大学生关注的焦点，这就要求教师在师德、心理特征、知识、能力等方面以身作则，为人师表。其身正，不令而行；其身不正，虽令不从。高校教师正是利用职业天然的劳动手段以身作则、以身立教去影响、塑造和教育学生。

（二）高校教师的价值

马克思主义价值哲学认为，价值是客体与主体之间的一种特定关系。价值来源于客体、取决于主体、产生于实践，是主客体即从事实践活动的人与活动对象相互作用的结果。高校教师职业具有特殊性，其价值具有主体属性和客体属性两重性。高校教师的客体属性是满足人类和社会发展的需要，即通过对教学、研究、社会服务和创新创业等领域开展创造性的工作，培养社会需要的高层次人才，研发促进社会生产力发展的科学技术成果，发挥对外界的积极作用，推动社会发展进步。它是高校教师职业的外在价值和社会价值的表现，这种价值是教师职业产生、存在和发展的基本条件。高校教师的主体性是教师作为教育实践活动主体所具有的自觉、自主、自为、自控的属性，即在工作岗位上充分发挥个人的能动性和创造性，自由开展教学、研究、社会服务和创新活动，在教育实践活动中得以表现、发展和完善，并不断成就自我。这是高校教师职业对于教师自身即从业者的意义和价值，也是高校教师职业的内在价值和生命价值的体现。它是高校教师对自身继续生存和发展需要的满足，不仅是对教师自身生命存在的肯定，而且也是对教师自尊、自爱、自信、自强的需要和自我实现的满足。高校教师主体价值的最好表现形式，就是在创造性地开展教育实践活动过程中实现主体的生命价值，使自身得到尊重、自我得到发展。马克思曾经指出，能给人以尊严的只有这样的职业，在从事这种职业时，我们不是作为奴隶般的工具，而是在自己的领域内独立地进行创造。高校教师正是通过创造性地工作服务他人发展和社会进步，实现自己的生命价值，在不断提高自身价值的过程中促进人类文明的发展进步，实现生命价值向社会价值的转变。

（三）社会发展和高校变革

在经济全球化、信息网络化、文化多元化的时代，科技发展日新月异，经济社会迅猛发展，人们物质文化需要不断得到满足，精神文化财富日益丰富，但也出现贫富差距过大、社会公正失衡和其他社会问题，不公平感、不安全感、焦虑、社会怨恨情绪等负面社会心态依然存在，社会道德观念与原有的价值思维很难跟上社会发展的步伐。在新的普世价值尚未形成之前，社会现实不断侵蚀着社会诚信和社会道德基础，也冲击着高校传统价值观，高校教师队伍自然也会深受影响。批判教育学家吉鲁（Henry A. Giroux）认为，高等教育中的教师，必须承担他们作为公民和学者的责任，采取批判的立场，使他们的工作与更广泛的社会问题联系起来，给学生提供知识并就紧迫的社会问题进行辩论和对话，提供条件让学生们满怀希望，并相信公民生活至关重要，相信他们在形塑公民生活，以及为所有的群体拓展公民生活的民主可能性上能够做出独特的贡献。❶ 但社会无法为高校教师提供良好的制度基础、舆论氛围和学术环境。社会观念的急剧变化让高校教师措手不及，在强大的权力意志及获取成功和认可的诱惑面前，高校青年教师必然面临新的选择与决断，在求变而未变之间，教师们原本平静的心理发生了倾斜与失衡。这种失衡起初只是表现在思想意识的层面，但如果得不到及时的疏导，一些教师就会产生物质至上、金钱至上等观念，他们不愿再被束缚于一种古板而条理化的工作状态，不愿为理想或信念而无私奉献，其追求就更为具体，理想更为现实，价值取向更为功利化，最后势必直接影响高校教师的心理健康，甚至造成心理问题，影响他们正常的学习和工作。

随着"五位一体"总体布局和"四个全面"战略布局的逐步推进，社会体制改革不断深入开展，社会对高层次人才的需求更加紧迫。20世纪90年代末，全国高校开始大规模扩招，各高校在校生人数猛增，全国1998年高考录取人数为108万人，总体录取率34%。到1999年，全国普通高校招生160万人，比1998年增加了52万人，增幅高达48%，总体录取率首次突破50%。此后，高校招生人数逐年增加，2014年录取人数698万，总体录取率达到74%，生师比由1998年的9.81∶1提高到2014年的17.68∶1。师资力量增长速度严重滞后于学生的增速，师资力量出现严重缺乏，高校教师工作量倍增，教学压力随之增加。同时，随着高等教育改革进入"深水区"，改革的难度和深度空前增大，高校人事制度改革更是牵动了每一位

---

❶ 吉鲁.教师作为知识分子：迈向批判教育学[M].朱红文,译.北京:教育科学出版社,2008.

高校教师的"神经"。根据《中共中央国务院关于深化教育改革全面推进素质教育的决定》和国务院批转教育部《面向 21 世纪教育振兴行动计划》的部署，1999 年，教育部发布《关于当前深化高等学校人事分配制度改革的若干意见》，加大高校人事分配制度改革的力度，引入竞争机制，建立符合高校特点的人事分配制度和运行机制，打破"铁饭碗"和平均主义"大锅饭"，破除职务"终身制"和人才"单位所有制"，破除专业技术职务和干部职务终身制，在严格定编、定岗、定职责的基础上强化岗位聘任和聘后考核，通过绩效考核方式对教职员工的工作业绩进行评估，并推行评估结果与待遇落实挂钩的做法。在全员聘任、竞聘上岗、评聘分离、末位淘汰、不升即离等政策环境下，高校教师在承担日常岗位职责工作任务的同时，还要忙于进修、评职、晋升和挂职实践。他们不仅面临着更大的工作压力，而且还面临着失业的风险，这些都直接导致高校教师心理压力倍增。

二、已有研究的启示

通过对高校教师心理特征内涵的挖掘、研究成果的梳理、影响因素的分析，可以看出，近年来，高校教师心理研究受到国内外研究者的关注，取得了一定的研究成果，积累了一定的研究基础，为后续研究工作奠定了基础。但目前研究也存在一些不足，需要今后的研究者予以进一步的关注和完善。

第一，已有研究中对于教师的心理健康、职业倦怠、职业压力等方面进行了大量研究，而对于教师的认知特征、需求动机、态度特征、教学效能感及情感维度则研究较少，缺乏从教师个体的认知、需求动机、态度、心理健康等方面多因素进行综合探究，从而掩盖了教师心理特征中各要素之间的内在联系，影响了已有研究的理论和应用价值。

第二，已有研究更多关注对高校优秀教师群体的心理特征的研究，重视教师专业技能的提升，强化教师的外在价值，但是缺乏对青年教师个体气质、能力、性格、个性、内在需要和主动性的关注，忽视了教师的内在价值，在关注教师专业发展的同时，应满足教师期望需求及身心健康发展。

第三，北京是全国政治、经济和文化的中心，这里高校的数量居全国首位。北京高校青年教师除具有高校青年教师的一般特点外，还具有信息渠道广泛、学历层次较高、思维活跃、勇于创新，以及竞争激烈、工作压力大、生活节奏快等特点，而目前，专门针对北京高校青年教师心理特征的研究相对匮乏。

第四，已有研究方法和研究工具过于单一，大量研究均采用调查量表进行定量的研究，而使用访谈法、观察法和实验法开展研究的成果匮乏。同时，在定量研究中，研究者大量使用《SCL-90自评量表》进行研究，而使用本土化的自制量表研究较少。王琦等研究者认为，大多研究采用《SCL-90自评量表》进行，途径单一，势必影响研究的科学性。此外，量表本身存在常模老化问题，这在一定程度上会影响研究的科学性和客观性。❶ 张积家、陆爱桃指出，《SCL-90自评量表》只能了解教师心理健康的总体情况，对教师的心理压力、工作倦怠、认知障碍、情绪失调等都揭示得不细致，而且在量表使用和结果理解上也存在某些误区。❷ 在当今科技瞬息万变的时代，高校教师心理特征具有复杂性、多变性，只有采用定量与定性相结合的方法，使用符合我国高校教师实际的研究工具开展研究，才能我国更科学、更客观地了解高校教师心理特征现状，从而提出更有针对性的解决措施，促进高校教师身心健康及全面发展。

---

❶ 王琦.高校教师心理健康研究现状分析[J].继续教育研究,2010(4).
❷ 张积家,陆爱桃.十年来教师心理健康研究的回顾和展望[J].教育研究,2008(1).

第二章 高校青年教师心理特征理论研究

第一节 高校青年教师心理发展理论基础

一、认知特征理论

认知是一个心理学范畴的词汇，主要是指人认识外部世界的过程，或者说是对作用于人的感觉器官的外界事物进行信息加工的过程。教师的认知特征一般指教师所形成的信念、思想、知识结构等的特征。这些认知特征会对教师的教学工作、教学态度、生活方式等产生影响，因而具有很强的研究价值。综观以往对于教师认知特征的研究，主要集中在教师的自我认知和社会认知两个方面。

一是教师自我认知，是教师对自己的信念、知识和实践智慧的认知。它又包含自我认识、自我体验和自我监控三个方面。自我认识表现在教师对自己的评价与社会对其评价是否准确一致。如果两种评价差距过大，则会造成教师心理失衡、内心矛盾，而影响心理健康。正确的自我认识是教师自我认知的核心。自我体验是指由自我认识引起的对内心情感的体验，包括教师的自尊、自信、自卑和内疚等。自我监控是指教师对自身言语和行为的监控，能否启动有效语言与行为，以及抑制无效语言与行为是自我监控的内容。

二是教师社会认知，是指个人对他人及社会的心理状态、行为动机、意向等做出推测与判断的过程。社会认知的过程既是根据认知者的过去经验及对有关线索的分析而进行的，同时又必须通过认知者的思维活动（包括某种程度上的信息加工、推理、分类和归纳）来进行。社会认知是个体行为的基础，个体的社会行为是社会认知过程中做出各种裁决的结果。

我们将从认知理论中的态度特征理论，以及归因理论对教师的自我认知和社会认知特征进行分析。

1. 态度特征理论

态度是指个人对待外界对象，包括人、事和物，较为稳固的内在心理倾向。态度往往包含认知、情感和行为倾向三个部分。高校教师的工作态度反映了其主观内在能动性对于教学科研、学生教育都起至关重要的作用。青年教师作为与学生接触最为频繁的一个群体，其工作态度的积极与消极将对高等教育的质量产生深远的影响。

社会心理学家凯尔曼认为，态度的形成往往要经过"顺从—认同—内化"的过程。也就是说，个体对一种新事物、新信息的接受需要经过信息识别、价值评估、逐步内化为自身的想法才能形成新的态度。心理学家霍夫兰认为，影响态度改变的因素至少有四个：说服者、信息、情境和个体的人格特征。在态度改变的过程中，随着个体对学习内容的了解逐步加深，会导致新的情感产生和转移。当情境和原来的不一致时，便会产生心理紧张。同时，说服者和信息接收者不同的人格特征也会对态度的转变和形成产生关键影响。一般来说，有较强人格魅力和语言优势的说服者更容易说服别人，有较强受暗示性的个体更容易发生态度的转变。

态度转变的理论主要有三个：一是认知失调理论。费斯汀格认为，个体的态度之间或者态度与行为之间出现不一致的情况，便会打破内心的平衡，导致态度的改变。二是平衡理论。海德认为，人们普遍的有一种平衡、和谐的需要，一旦人们在认识上有了不平衡和不与谐性，就会在心理上产生紧张和焦虑，从而促使他们的认知结构朝平衡与和谐的方向转化。三是参与改变理论，即通过参与团体中的活动，感受团体的氛围来规范和约束自己的行为。因为人是生活在群体中的，人的态度和行为受到群体活动的影响。参照群体改变态度理论认为，每个人对自己在群体中所处地位和角色是形成个人态度的重要基础，态度受到参照群体的影响而改变。

2. 归因理论

归因理论是由海德于1958年提出的，它主要阐述的是人的某种行为与其动机、目的和价值取向等属性之间逻辑关系的理论。海德认为事件的原因有两种：内因和外因。当我们在解释自己成功的行为时，倾向于内归因，即认为自己的勤奋和努力发挥了作用。当我们解释自己失败的原因时，则倾向于外归因，即认为是运气或其他额外的因素干扰了自己。在解释别人的行为时则恰恰相反。人们对成功和失败的归因，对工作积极性有很大的影响。成就需要比较高的教师，会把成就归因为自己的努力，把失败归因于自身努力不足。相反，成就需要不高的教师，则会认为努力与成就没有多大关系，他们往往把成功看成外因作用的结果，而把失败看成其他内因所致。对于这部分教师，学校应该引导他们树立正确的归因方式，脚踏实地地努力工作。

二、需要和动机理论

需要是有机体在生存和发展的过程中，感受到的生理和心理上对客观事物的某种要求，具有复杂性、差异性和社会性。不同种类的需要下会诱发出不同的动机，需要—动机理论以美国心理学家马斯洛提出的需要层次理论为代表。他认为人类有五种最基本的需要，呈金字塔状排列，最底层是生理的需要，其次是安全的需要，接下来是归属与爱的需要，尊重的需要，最高层是自我实现的需要。美国心理学家阿尔德佛经过大量的调查研究，提出了生存需要、关系需要和成长需要的三核心需要理论。他认为，生存需要是人们最基本的需要，包括马斯洛的生存和安全需要的内容；关系需要是指要求与人们交往，以及维持人与人之间和谐关系的愿望，包括马斯洛的社会需要和部分尊重需要；成长需要就是人们要求在事业、前途等方面得到发展的内在愿望，包括马斯洛的部分尊重需要和自我实现的需要。美国心理学教授麦克莱兰提出，人的主要需要有三种：成就需要、权利需要和从属需要，其中最关键的是成就需要。这一理论与马斯洛的需要层次论有密切的关系，其成就需要十分接近马斯洛的自我实现需要，从属需要部分类似于归属与爱的需要，权力需要与其他几种需要相重叠。

根据上述理论，可以从结构上将需要划分成基础性需要和社会性需要。基础性需要的特点是与生俱来的，以生理变化为基础的，是最基本的需要。社会性需要是人在社会生活中通过学习获得的，是人的社会属性的表现，是人在个体发展的社会化过程中形成和发展起来的。

高校青年教师的需要有以下两个特点。

1. 基础性需要的缺失不容忽视

高校青年教师作为一个特殊的群体，其需要有自身的特点。首先，表现在基础性需要即生理需要和安全需要满足水平较低。当今社会房价高企、物价上涨已是不争的事实，而高校青年教师收入普遍偏低，物质需要还远未得到满足。从社会角度看，人们往往赋予教师很高的精神评价，认为教师是园丁、蜡烛，教师尤其是高校教师社会地位高，并且现在的研究倾向于将注意力集中在教师的精神需要，而往往忽视了教师的物质需要，这是不公平的。物质需求在高校青年教师身上体现得尤为明显。高校青年教师职称低、压力大、收入少。在这种情况下，很多青年教师不能全身心投入工作，安全感得不到满足，而是寻求其他途径来满足其自身的衣食住行等生理需要和安全需要。

2. 社会性需要的突出性亟待关注

高校青年教师生活在校园之中，积极向上的教学科研氛围和校园单纯和谐的人际关系能基本满足其归属与爱的需要，但教师的自尊和认同需要及自我发展的需要具有现实性和迫切性。高校教师相对于一般劳动者和其他知识分子，是更具有高水平和高素质的社会精英。他们迫切需要获得知识界的承认并获得一定的声誉，教师的工作价值也在很大程度上体现在他人的认同上。教师非常渴望能用自己的学识和魅力去影响学生，从而得到学校、家长和社会的信任和尊重；自己的创造性工作能够得到领导的尊重、体谅和理解，这样的自尊需求会促使他们努力工作，以期获得更好的社会评价和更高的社会地位。对于高校青年教师来说，自我实现需要更加突出，他们渴望个人潜力得到充分的发掘，专业水平得到更大的发展。但现实情况是，高校教学科研环境和职称评聘压力对青年教师造成了很大的影响。一些青年教师长期不能晋升职称或职务，其自我实现的需要得不到充分的满足。

三、行为主义理论

行为主义理论又称为刺激—反应理论，是由美国心理学家华生提出来的。该理论认为，人类的思维是与外界环境相互作用的结果，即形成"刺激—反应"的联结。不同的刺激会导致不同的反应，学习是刺激与反应之间的联结，人类学习的过程往往是由强化原理主导的。

行为主义以经典条件反射、操作条件反射和观察学习为基本理论依据。华生认为，环境决定了一个人的行为模式。无论是良好的行为习惯还是错误的行为均源于学习，通过强化和惩罚等作用，导致行为出现的频率发生变化。华生还认为，人类在行为主义的主导下完全处于被动状态。而美国心理学家斯金纳则认为，刺激和反应之间不是简单机械的对应关系。人们的认知和意识也很重要，认知和意识决定了人们会根据刺激做出什么样的反应，并提出了强化的概念和强化原理。班杜拉则提出了观察学习的概念，他认为学习是个体通过观察榜样在应对外在刺激时的反应，及其受到的强化而完成的学习过程。他将观察学习分为注意过程、保持过程、生成过程和动机过程。

四、建构主义理论

建构主义理论与儿童认知发展理论有密切的关系。二者都十分强调图式这一概念。图式是心理活动的框架，是认知结构的起点和核心。建构主义认为，知识不是通过教师传授得到，而是学习者在一定的社会文化背景下，通过必要的学习资料，以及与他人的分工协作而逐步构建起来的。此理论认为，问题的情境创设很重要，要能够引导人们的学习并激发学习的兴趣，使人们自主学习钻研而不是被动灌输知识。

建构主义认为，在教学过程中，教师应该做意义建构的帮助者、促进者，而不是知识的传授者与灌输者。教师要为学生搭建平台并引导学生自主学习，激发他们的学习兴趣，通过创设符合教学内容要求的情境和提示新旧知识之间联系的线索，帮助学生建构当前所学知识的意义。在此背景下，维果斯基提出了"最近发展区"的概念，认为学生的发展有两种水平：一种是学生的现有水平，指独立活动时所能达到的解决问题的水平；另一种是学生可能的发展水平，也就是通过教学所获得的潜力，两者之间的区间就是最近发展区。教学应着眼于学生的最近发展区，为学生提供带有难度的内容，调动学生的积极性，发挥其潜能，超越其最近发展区而达到下一发展阶段的水平，然后在此基础上进行下一个发展区的发展。

建构主义提出了比较成熟的教学方法，即支架式教学、抛锚式教学和随机进入教学。支架式教学认为，教学应该像搭脚手架一样逐步创设情境，引导学生独立探索，然后通过小组讨论协商进行协作学习，最后进行学习效果的评价。抛锚式教学认为，最好的学习方式是让学生进入真实的情境中去感受和体验，而不是聆听别人的经验。它强调教学应该首先创造出与问题情境类似的真实情景，即抛出一个"锚"，随后再进行讨论、归纳和总结。随机进入教学认为，学习者可以随意通过不同途径、不同方式进入同样教学内容的学习，从而获得对同一事物或同一问题的多方面的认识与理解。这种随意进入有助于学习者对于知识的不同方面进行了解与掌握，从而达到全面认识和建构。

第二节 高校青年教师职业心理理论

一、教师职业生涯发展理论

生涯的英文是"Career",指有机会提升或者发展的专业或职业。教师生涯的发展可从两个维度进行,一是从横向维度研究教师专业发展的各个方面的特征,如教师的心理发展、专业发展;二是从纵向维度研究教师职业发展的过程,看它在时间序列中所表现出来的特征,重点在于教师发展过程的阶段性特征,即教师的生涯发展理论。高校青年教师从年龄和教龄上看,都是处于生涯发展的较早阶段,有其职业发展的特征,需要根据这些特征确定青年教师发展的需求,并给予相应的支持,促进青年教师生涯的不断发展。

目前,国内外关于教师生涯发展的理论主要分为三种类型:一是按照教师的年龄、教龄或专业成熟度发展的生涯阶段论;二是按照教师关注点不同而发展形成的关注点理论;三是按照教师的需求发展的生涯实现论。

(一) 教师职业生涯发展阶段理论

1. 高瑞克的教师生涯四阶段论

高瑞克提出教师的专业发展是教师对自己的职业角色不断地进行认知、矫正和确立的过程。他依据教师专业成熟的进程将教师专业发展划分为四个阶段:形成期、成长期、成熟期、专业全能期。

(1) 形成期。这是指教师刚刚进入教师行业的阶段。这一时期的教师对教学义务的认识上具有矛盾心理,同时开始形成一些初始的概念,开始对教育的目的和教学的本质进行思考。

(2) 成长期。这是指教师进入发展的时期,这一时期的教师责任意识以学校对教师个人的要求为基础，并使个人的发展与学校的发展相契合，形成了关于教师的一些较深层次的概念，如形成有关教育过程、个人纪律与责任的一些基本概念和相对刻板的印象。

（3）成熟期。这是指教师进入职业发展的相对稳定的阶段，这一时期的教师具有强烈的教育义务感。他们在学校里发挥着重要的作用，同时能够利用或者增进学校的各种资源。教师在形成了稳定的教育概念后，开始进行教育反思，对教育、自我、他人、学科等问题及教育环境等概念进行检查。

（4）专业全能期。这一时期的教师对专业的义务已有明确的概念，专注于教育过程，此时教师基于对专业贡献的角度，尝试发挥自身的潜能，并持续不断地检验与重构自身的教育观念和信仰。

高校青年教师位于高瑞克的教师专业发展阶段的形成期和成熟期，教师对教育的概念及自身的义务开始进行思考，并逐渐形成较深层次的概念。但在这一阶段，其价值体系是较为固化的，因此在发展的过程中容易出现迷茫和执着。

2. 伯顿的教师职业生涯周期框架

美国学者伯顿和纽曼基于教师不同时期的压力与需求，对教师的生涯发展进行了一系列结构性的访谈研究。他们在研究的基础上提出了教师职业生涯周期框架，并根据教龄增长对教师专业发展成熟的影响将教师的职业生涯分为三个阶段。

（1）存活期。这是指教师从教的第一年。在这一阶段，教师所关心的是学科教学、班级控制和教学技能的提高、教学内容的掌握。在存活期阶段，教师开始关注学生并与之相处。但在此阶段，教师仍然对其自身的专业能力缺乏信心，不善于尝试新方法。

（2）调整期。这是指教师从教的第2~4年。在这一阶段，教师对教学比较适应，和学生相处也变得更加的开放和真诚。教师觉得自己较刚入职时更能满足学生的需求，能够通过不断了解学生同时寻找新的教学技术来满足学生更广泛的需要。

（3）成熟期。这是指教师从教五年和五年以上。这一阶段教师在教学活动中感到舒适，并能理解教学环境。教师有了安全感，能不断尝试新技能，处理教学中发生各类事件。在这一时期，教师关注学生的需要，重视学生需求的满足，重视与学生的关系。

针对这三个时期教师发展的压力和需求，伯顿提出了应该给予教师的发展提供相应的支持，帮助教师在生涯上有更好的发展。他认为第一阶段需要直接的监督，为教师的发展提供指导，要为教师的教学发展提供一些较为直接的技能培训，如现场、演示和强化技能等。第二阶段需要合作性的监督，需要通过合作性的方式对教师的发展提供指导，如辨析、倾听和问题解决等。第三阶段需要间接的监督，需要为教师提供平台以促进问题的解决，如倾听、鼓励、辨析和展现的方式更适合这一阶段的教师。

3. 休伯曼的教师职业生涯周期理论

休伯曼等人根据教师职业生涯周期的研究，提出教师职业生涯周期模型，将教师职业生涯分为五个时期。

（1）入职期。这是指从事教学的第1~3年。休伯曼将这一时期的主要特征定义为"求生和发现期"。在这一阶段，教师个体因为刚入职，会根据自己的职业追求和职业探索开始生涯发展，主要表现出与"求生"和"现实的冲击"相联系。他们在这一阶段将自己原有的特点和向往与职业进行匹配表现出很大的矛盾性，因为自己刚工作时的热情使个体在对待教学、学生管理方面表现出积极乐观的特点，但同时因为课堂环境的复杂性、不稳定性及偶尔持续出现的失误等都会使教师产生怀疑的情绪，无法确定自己能否胜任教学工作。

（2）稳定期。这是指工作后的第4~6年。这一时期教师开始逐渐适应职业环境，由关注自己的状态进而转向关注教学活动。此时，教师初步掌握了教学方法，他们不断提高教学技能，形成了自己的教学风格，对教学和教师生涯具有了一定的掌控感，同时外在表现出自信、愉悦和幽默。

(3) 实验和重估期。这是指工作后 7~18 年。这一时期的教师随着教育知识的不断积累和巩固，已经不满足于职业生涯发展的现状，并开始重新审视自己所从事的职业。教师此时会试图进行教育改革的实验，不断地对自我和职业进行挑战。但也可能有一些教师在改革无效或者在教学中找不到创新点和成长点而引发自我危机，开始怀疑自我，并对自我进行重新评估。

(4) 平静和保守期。这是指工作后 19~30 年。这一时期，教师开始在各个领域成为专家，在经过自我怀疑和自我危机后对自我进行了重新接纳，前一时期所拥有的教育经验和技巧，使他们逐渐对教师工作充满自信。但同时随着教育生涯的发展，教师进入平静期，表现为志向水平开始下降，对专业投入开始减少，有些教师失去了专业发展的热情和精力，变得较为保守。

(5) 退休期。这是指工作后 31~40 年。教师职业生涯逐步进入终结阶段。

根据休伯曼的教师职业生涯周期模型，教师的生涯出现了阶段式发展从关注生存，到出现怀疑，再到稳定，之后再开始新一轮的不满现状，再平静直至退休；而在每一个阶段的变化中，教师都有质性的成长。这一理论比较清晰地描述了教师在每一个阶段的成长困惑及成长路径。根据这一理论，高校青年教师在职业生涯中处于从生存与发展阶段发展到稳定期，向实验评估期过渡的阶段。在每一个阶段，教师都发生了三个方面的变化，即关注点、教学方法和自我效能感都在发生变化，从积极投入到怀疑，再从怀疑到稳定。因此，根据休伯曼的职业生涯周期理论，高校青年教师在每一阶段都有其特定的发展任务，在职业心态上会存在较大职业压力，同时也存在较强的变化和成长的职业动力。

4. 费斯勒的教师生涯循环论

费斯勒突破了以往职业生涯理论的一维线性的研究思路，将社会系统论运用到教师的生涯发展研究中，提出了生涯循环论。他认为，教师的生涯发展是一个受组织和环境共同影响下的动态的、可变的过程。按照这一思路，他将教师生涯发展划分为八个阶段。

（1）职前期。这指入职前的阶段，这一阶段个体的身份是学生，为成为教师做相关的准备和经验储备工作。

（2）职初期。这一阶段教师刚刚进入职业生涯，此时的主要任务是努力适应日常的教学工作，在工作中寻求学生、同事和领导的认可。

（3）能力建构期。这一阶段教师适应了教师职业的要求，能够胜任工作，开始寻求新的教学方法和策略，并逐渐建立自己的教学体系和教学风格。在这一阶段，教师也不断接受与吸收新的教学观念，开始愿意接受有挑战性的工作。

（4）热情与成长期。这一阶段教师在职业能力水平建立后，热爱教学工作，不断地追求个人的自我实现，积极与学生互动，不断寻求新的教学方法，有较高的工作满意度和工作责任感。

（5）职业挫折期。这一阶段也称为职业倦怠期，这时教师可能因为各种因素的影响而对教学产生挫折感，工作满意度下降，出现职业倦怠。此时，有些教师理想破灭，怀疑自己的工作能力及职业选择的正确性。

（6）职业稳定期。这一阶段是教师职业发展的平原期，此时教师的职业发展出现停滞状态，教师满足于基本要求，不会主动地追求教学专业上的成长，只做分内之事。此阶段也是教师工作缺乏挑战性和工作热情的阶段。

（7）职业消退期。这一阶段教师准备离开教育职业的低潮阶段，有些教师因为教育生涯较为成功而感到愉悦，而有些教师却因为缺乏成就而觉得一事无成，被迫离开或者迫不及待地离开教师工作。

（8）职业离岗期。这是教师离开了教学生涯以后的时期，不同的人有不同的选择，有些教师会经历生涯的积极转变，从事教学相关或不相关的工作，或尽享天伦之乐。

费斯勒的教师生涯循环论为教师的发展提供了较为完整的教师生涯的

理论架构。他重视组织和个人环境对生涯发展的影响，尤其是环境中的突发偶然事件对教师生涯的影响，但是他较为忽视教师自身比较稳定的、具有持久作用的因素。这一理论强调教师的生涯是一个动态可变的过程，高校青年教师处于这一生涯发展过程的早期阶段，有成长特征。因此，根据费斯勒的理论，社会和高校应该为高校教师的发展提供组织和环境上的支持，促进高校青年教师的成长需求的满足，促进其教育生涯上的积极发展。

（二）教师职业生涯的关注模式理论

生涯关注理论将教师的专业发展看成动态的与职业生涯发展相伴随的过程。这一理论将生涯发展聚焦在专业发展领域，从教师知识、能力和理念这三个部分看教师在专业领域成长过程中的变化过程，依据教师在不同生涯阶段关注的重点形成了教师生涯的关注模式理论。

1. 福勒的教师关注阶段论

福勒认为在教师的专业发展过程中，在不同的发展阶段，教师所关注的事物是不同的，其发展遵循一定的秩序。

（1）教学前关注阶段。这一阶段主要指教师未进入职业之前，一般为师范生教育阶段。这阶段的个体身份还是学生，因为有进入教师行业的准备，所以在这一阶段教师已经开始对教学的生涯有一定的思考和向往。但因为没有实际的教学经验，所以此时个体还主要是关注自己。作为未来的教师，当他们对任教教师进行观察时常持有否定甚至敌视的态度。

（2）关注生存阶段。这一阶段个体开始进入教学岗位，开始从学生角色向教师角色过渡。在这一过渡过程中，个体关注自己较多，关注自己的教学过程和课堂控制能力，在教学中关注自己对教学内容的掌握，关注教学督导如何评价自己的教学。由于关注点在自身的教学内容及他人对自身的评价上，所以此时个体工作压力很大，较难将关注点放在学生身上和教学情境中，因此这一阶段称为"关注生存阶段"。

（3）关注教学情境阶段。这一阶段中个体将关注点从对自身生存的关注转移到关注教学情境。此时，教师的关注点既包括生存关注，也开始包含对教学上的需要以及限制或挫折的关注。因此，教师不但关注教学内容，也关注特定的教学情境下如何开展教学和完成教学任务；不但关注知识、能力和技巧，更关注如何将知识、能力和技巧运用于相应的教学情境之中。但在这一阶段，教师的关注点仍在教学表现上，还不能将专注点转移到教育对象上。

（4）关注学生阶段。这一阶段个体开始将关注点集中在学生学习表现与情感需要上，关注如何能够通过自身的教学来提高学生的成绩和促进学生的良好表现。此时，教师仍然会关注自己的教学知识、能力和技术，但主要是基于如何能够更好地促进学生发展的角度而在特定的情境下使用这些知识、能力和技术。由于这一阶段教师因为将关注点集中在学生身上，所以能够真正地基于学生的成长需要做出相应教学情境下的最恰当、最合理的反应。

福勒关于教师生存发展阶段的研究指出，教师的生涯发展是一个稳定的和秩序更新的阶段性过程。在这一过程中，教师从关注生存到关注情境，再到关注学生，关注是逐渐更迭的，表现出教师的胜任能力的变化。高校青年教师一般学历较高，在入职初期，他们已对职业有了相当多的认识，储存了相关的能力，但由于高校在教学和科研上的要求也较高，而且近年来大学生在学习特点和心理特征上也有很大的变化，使高校青年教师在从关注生存到关注教学情境，到关注学生过渡时较为困难，需要教师不断地自我反思和自我提升。在这一阶段，需要通过各种途径和方法提升教师的教学水平和教学胜任感，促进教学的生涯关注点的转变和发展。

2. 白益民"自我更新"教师生涯阶段论

我国研究学者白益民在生涯关注阶段理论的基础之上，提出了"自我更新"取向的教师生涯阶段论。这一理论认为，教师在生涯发展过程中进行的对自身专业发展行为的批评反思对于促进生涯发展起着重要作用。"自我更新"是指教师是自身生涯发展的主人。因为教师具有自我专业生涯发展的意识和动力,教师能够自觉承担专业发展的责任,也能够拟定和调控自我反思和自我专业发展的方向,进而促进自我的专业发展。自我更新的生涯发展模式强调教师是其自身专业发展的真正主人,教师能自觉地发现生活中的有利因素,对自我的生涯进展进行反思,从而可以使自己内在的专业结构和专业能力能够得到不断的更新。

"自我更新"教师生涯发展理论根据个体自身专业发展的关注点和发展水平两个方面将教师专业发展分成五个阶段。

(1) 非关注阶段。这是指教师进入职业生涯之前的阶段。这一阶段个体是有意向从事教师工作的人,因为只有从教的可能性,还没有从教的经验,还谈不上生涯发展,所以称这一阶段为"非关注阶段"。这一阶段虽然谈不上专业能力上的发展,但个体在一般能力,如思维能力、人际交往能力、表达能力、管理能力等方面都已经得到了很好的发展,为未来的生涯发展奠定了基础。

(2) 虚拟关注阶段。这是指教师在专业的师范院校学习的阶段。这一阶段个体的角色是学生,但未来的职业取向是教师,学校对其进行的培养也是教师方向,所以个体这时对教师已经有了初步的认识和判断。这一阶段的个体因为没有直接的教育经验,所以对教师生涯的设想还处于模拟阶段。虽然个体在这一阶段中有机会进行教育实习,但因为身份为学生,因此他们对于教学生涯中个人的专业结构和专业发展还是缺乏必要的思考,尤其是基于自身情况的思考。

(3) 生存关注阶段。这是指教师在任职初期经过一段时间的工作体验,决定留在教学岗位上的阶段。在这一个阶段,教师完成了从学生向教师角色的转变,但在转变的过程中也会遭遇各种角色适应问题,产生各种基于现实的危机。

(4) 任务关注阶段。这一时期教师伴随着教学经验的增长,教师在教学的知识和技能上都有一定程度的长进。此时,教师的关注点从自身生存转向教学情境，他们开始更加关注自己在不同教学情境下如何提高教学的知识和技能，以促进自身的专业发展。

(5) 自我更新关注阶段。这一时期教师的专业发展动力转移到专业发展自身上，不再受外界环境和条件的限制。教师经过了前一个阶段的发展开始对自我有了清晰的认识，通过不断地教学磨合和反思，此时的教师可以有意识地进行自我发展规划，以谋求最大限度的自我发展。对自我发展的思考已成为教师日常专业生活的一部分，成为一种专业的生活方式。同时，随着教师专业知识、技能与方法的提升，教师可以更多地对自身专业发展进行反思，逐渐找到自己的专业发展方向和独特的教学风格。此时，教师更为自信和从容，并愿意将自己的专业收获向他人分享。

"自我更新"的生涯发展模型重视教师在自身的专业生涯发展中的主导作用，强调自我反思对于个体专业发展的重要作用。尤其是对高校青年教师来说，教学和个体的专业发展有着很大的差异性，教师需要在不断的教学生活中进行总结，并结合自身的特点、专业的特点和学生的特点对自身的专业发展进行不断的反思，找准自己的专业发展方向，形成自己专业的研究方向和独特的教学风格。

(三) 教师生涯自我实现论

斯蒂菲在人本心理学理论中的自我实现理论的基础上对教师的生涯发展进行分析，提出了教师生涯的自我实现理论。该理论尊重个体发展的自身需要，认为每个个体都有自我实现的需求，并具有完成自我实现目标的资源，每个个体也都具有潜能达成自身的生涯发展目标。根据个体中自我实现的追求和状态，斯蒂菲将教师生涯划分为五个阶段。

(1) 预备生涯阶段。这一阶段，教师处于教师职业生涯发展的初期阶段。教师由于对生涯的期待和已有准备，对生涯形成了自己的初步目标，具有理想主义、活力、创造力、纳新和成长取向等特征。

(2) 专家生涯阶段。这一阶段教师在任教的过程中逐步掌握教学能力，形成教学经验，发展教学技能。此时，教师在教学上开始能够运用自如，并对学生管理表现出一定的信心和掌控力。教师通过教学实践，不断地激发教学潜能，以达到自我实现。

（3）退缩生涯发展阶段。此时，教师度过了生涯发展中的"蜜月期"，开始感到倦怠，表现出了一定程度上的退缩，消极行为。具体来说，这一阶段又表现为三个子阶段。首先，是出现了初期的退缩。此时，个体开始对教学出现倦怠感，较少进行教学创新和教学改革，所教的内容开始与前面重复，不再创新课堂内容。其次，他们在人格上也表现出沉默、从众和消极行事。最后，教师在专业生涯上出现退缩的现象，对职业产生倦怠，对学校的教育制度、家长和学生的现状表现出不满，推卸教育责任，并表现出对教育的失望，抗拒任何教育变革，此时教师容易出现一些心理和社会问题，最后教师进入深度的退缩期。

（4）更新生涯阶段。此时，教师已经度过了生涯发展的退缩期，尝试采取相对积极的措施来应对自身出现退缩和倦怠的病态。同时，教师致力于追求自身的专业成长，不断吸收新知识，达到辩证的更高水平的自我实现状态。

（5）退出生涯阶段。此时，一部分教师开始离开教学岗位，而另一部分教师选择进行生涯的持续，继续追求个人的专业成长。有些教师退休，开始安度晚年。

根据自我实现的生涯发展理论，个体都有在专业生涯发展上自我实现的潜能，并且每个教师都有成为自身特点的教育专家的潜能，教师可以通过不断地追求自我成长和不断地自我反思，逐渐达到高水平的自我实现。高校青年教师在自我实现上的要求更为强烈，他们更多地追求自我生存和生涯的意义，希望能够通过教育生涯上的努力和发展达到自我实现。

（四）教师职业生涯发展的高原期理论

在心理学领域中，"高原现象"是指学习尤其是技能形成的过程中出现的进步的暂时停顿甚至退步的现象。目前,关于教学中高原现象的研究结果发现,在青年教师进入学校开始工作的前五年,教师的教学教研能力与教龄的增长成正比关系;在第5~8年期间的工作状态较为稳定,教学和科研的动力最强且投入最多,教师的素质和能力状态出现第一个高峰。但是在第八年后,随时工作时间的延长,教师的职业发展会出现停滞,有时甚至出现下滑的现象。这可能是因为难以实现能力的发展或工作的晋升,教师在入职之初的目标如果经过努力后无法实现,在心理和行为上会受到一定的打击,出现倦怠感,不愿继续投入和努力,此时进入高原期。近些年,我国许多高校实现了跨越式发展,为了更加适应社会需要和学科发展需要,一方面,很多地方高校不断进行专业教学改革,要求教师能够用创新的方法开展教学和科研工作,实现专业的实践性和有效性;但另一方面,由于各大学在教育综合水平上的竞争,要求教师在教学和科研上都要有所发展,尤其是对教师科研能力的要求越来越高,很多教师很难保持其专业的领先性。在这一过程中,青年教师的教学和科研任务都很重,但受职称评定的要求和学校岗位的限制,高校的青年教师有时很难达到晋升的理想目标,久而久之,他们就形成了职业的失望情绪和挫折感,进而出现自身认知的偏差、技能水平的下降和职业责任感的下滑等现象,在其职业生涯上就形成了"高原现象"。

高校青年教师产生职业高原现象的过程是,大学博士或硕士刚毕业,面对就业压力,当成功就职于高校某一工作岗位时,在工作之初,他们工作热情较高。而随着工作经历增长,其教学能力状态会逐渐上升到一个相对较高的层次,但又受到职称评定和晋升需求的限制。在工作七八年之后,部分青年教师无法达到自己设定的职业生涯目标,此时出现倦怠,开始不求进取,并对教育现状抱有批判的态度。可见,高校青年教师职业生涯发展中也存在明显的高原现象。高校青年教师的职业角色本身具有一定的复杂性,使青年教师需要面对来自各方面的压力,而且社会期待和高校组织等客观因素,以及教师个人个性倾向、职业心态、价值观念等主观因素也都会影响到其职业生涯的发展。因此,在高校青年教师的职业生涯发展中,优化青年教师的职业生涯发展渠道,完善青年教师的职业成长和激励机制,促进青年教师内在价值的发展,是高校人才培养的重要工作。

二、教师职业角色理论

角色(Role)是社会心理学理论中的一个重要概念,这一概念最早是从戏剧用语来的,是指演员在戏剧舞台根据剧本所扮演的特定人物。在社会心理学中,"角色"通常指个体在一定社会关系中的身份、地位,以及与此相联系的行为规范和行为模式。而研究者将社会为担当某一角色的个体所规定的行为规范或模式叫作角色期待,也称为角色规范。高校青年教师由于其所处职业任务要求、学历层次、年龄层次等方面的特点,使其在职业角色上具有独特、鲜明和突出的特点。在对其心理特征的研究中,需要正确地、多层次、多维度地认识和分析其在不同教育情境中的角色。

(一)教师职业角色的心理特点

综合国内外研究者的研究成果,他们是从实用主义、人本主义和建构主义三个理论角度分别对教师职业角色的心理特点进行了分析。

一是实用主义关于教师角色的研究——反思型实践者。实用主义的代表人物美国的教育心理学家杜威认为,个体的实践对于个体知识的形成和获得具有重要的意义。基于实用主义实践的观点,研究者开始对教师角色进行研究,并提出了教师角色中反思和实践的重要作用。根据实用主义的观点,研究者不再只关注教学的技术,包括如何按步骤来实施教学,如何运用技巧来进行课堂管理,不只是按照因素分析研究方法对课堂的教学进行专业化的分解,将其细致地分析成大量的细节。研究者开始关注的问题是:什么是教学?教师在教育的过程中如何解决实践中自己的问题和困境?教师怎样对情境下的教学进行控制?根据这些问题,研究者认为,教师对于这些问题的回答只能在不断的实践中进行,因此这一理论提出教师并不能只以专家的身份来呈现在教学工作中,更要以一个实践者和学习者的角色来进入。在实践的过程中,教师需要不断地对自己的教学过程和生涯进行反思和思考,将自己的学习过程和职业生涯发展过程建立在整体的、系统的知识基础上,因此这一理论将教师视为"反思型实践者"。

根据实用主义理论来观察教师在实践中进行反思,是个体生涯发展的重要任务和发展途径。他们认为,我们在教师的生涯发展中应该将反思型教学实践纳入教师培养计划之中,而这培养的重点是将教师培养成为专业化实践者,即能够积极参与思考和行为,能够在执教过程中对自身的生涯发展和专业能力发展进行反思,以更好地解决实践中遇到的问题和困境。

二是人本主义关于教师角色的研究——自我价值的实现者。人本心理学家的研究重点在于,个体都有自身成长的需求,并且每个个体都有满足自身成长需求的资源。因此根据这一理论,研究者认为,教师角色应该是具有个体特点的,是能够推动个体完成自我实现的。这一理论强调好的教师在教学上不只是遵循已有的规则,而是还要在教学中形成自己的特色;不只是以既定的方法去进行教学,而是还要在教学中关注具体和特定的情境。教师的角色不只是工匠,更像是艺术家,需要进行有个性特点的发展。而人本主义的教师生涯发展观认为,教师的教学是一种"缄默知识"。这种知识无法显性地传递给他人,但可以进行隐性传递。基于这一理念,人本主义心理学家认为,教育的目标是促进个体认知、情感的综合发展,教育要以学生为中心;教师不仅要把学生作为学习者和受教者,更要将视为独立的具有情感的个体。在教学中,教师要信任学生,积极激发每个学生的潜能,促进其学生形成自我实现的倾向。

人本主义心理学在对教师的价值判断上有别于实用主义心理学。实用主义心理学对教师的价值判断基于对外在性价值的强调上,将教师劳动的价值局限于外在的工具性价值。这一价值判断虽然肯定了教师劳动对社会的重要意义,但是无形中也贬低了教师自身的内在价值。这种对于教师价值认识的片面性，导致他们只看到教师职业奉献的一面，而不能看到教师的创造性、职业尊严及人生价值的另一面。而人本主义心理学强调教师职业的内在性价值。这一理论认为，教师的职业价值是在"发现""自由"和"创造"中体现出来的，所以发展性的教师是焕发着自我主体性的教师。教师在唤醒学生追求真、善、美的同时，也向社会展示自我，实现自我，满足自己的求真、向善和创新的需要。因此，从实用主义到人本主义，研究者关于教师角色的观念完成了重要的转变，即从单纯强调教师职业角色的工具性价值，向既强调工具性价值又强调内在性价值的转变。

三是建构主义理论关于教师角色的研究——学生建构知识的引导者。建构主义理论认为，在个体的学习过程中，知识的掌握是一个不断建构的、主动的过程。在形成知识的过程中，个体原有的认知结构起着重要的作用。新的知识需要不断与这个原有的认知结构相互作用才能够促进个体形成新的认知结构。根据这一理论，研究者认为个体学习的过程中是在教师指导下以学习者为中心的学习过程，它强调教育过程中学习者的主体作用。教师只有根据学生的认知结构来设计教学，才能帮助学生对新知识进行建构而形成新的认知结构。因此，教师在教学过程中不仅是知识的提供者和灌输者，而且也是学生学习的引导者，是学生建构知识的支持者。

根据建构主义的观察，在学生知识建构的过程中，教师要想成为学生建构的积极引导者，就要激发学生的学习兴趣，激发学生的学习动机。因此，教师需要创设符合教学内容要求的相关情境，创设新旧知识间的关系。只有这样，教师才能引导学生将新学知识纳入原有的认知结构中，或促进原有的认识结构进行改变以形成新的认知结构。为了使学生的意义建构更有效，教师要尽可能地组织学生协作学习，就所学内容展开讨论或交流，并对协作学习的过程进行引导，使之向着有利于意义建构的方向积极发展。英国著名课程论专家劳伦斯·斯滕豪斯最早提出，我们要跳出教师是"知识的传授者"的思维定式，而提出了"教师即研究者"的教育口号。他认为，教学过程不再只是教师将各类专家、学者制定的教育课程目标或内容付诸实践教学的过程,而是教师根据自己对教育情境的理解对整体的课程目的、内容不断地修正、完善的研究过程。

通过以上这三个理论的研究分析,我们看到教育心理学理论对于教师的职业角色突破了机械的、单一的和片面的界定,而演进到更为灵活的、多元的和全面的界定,教师从教育的"神坛"上走下来,开始以一个完全人格,有自己创造性的个体的身份走进学生的教育教学实践中,而起到促进学生建构学习的过程。这些分析对于解释教师的职业角色是恰当的,对于高校青年教师来说尤其合理。因为高校青年教师所受教育程度和文化程度较高,他们对于自我和教育关系进行了更多的思考,对于教师的角色期待有着更多的关于自我实现的需求,所以在教育教学实践中高校青年教师角色定位方面,其理想化的角色期望与现实性的角色认知上常常存在差距,主要表现在两个方面。一方面是教师的理想化角色期待较高,个体无论在自身的认知、行为能力,还是心理素质等方面,都无法达到一个"完美"教师的角色要求,这些局限使青年教师对自身的角色表现不满意,产生挫折感。另一方面是青年教师刚刚进入教师角色,对角色的意义还缺乏充分的了解,不能够完全和系统地掌握这一角色的要求和期待,因此在实际行为中使个体的行为与这一角色期待的行为之间产生偏差。

(二) 高校青年教师职业角色冲突与角色压力

角色冲突是角色理论中的重要概念,是指当个体在复杂的社会活动中所有扮演的多种角色与个人期待发生不一致时,就产生角色冲突。教师的角色冲突主要是指教师在教育教学中,为实现与其角色所对应的权利和义务时表现出来的态度和行为模式与社会期望的不一致时的现象。由于教师生活在复杂多元的社会关系中,所以社会赋予教师的角色是比较多元的,教师也因此而拥有多种社会身份。同时,不同的社会角色也会携带着不同的角色期望,这些角色期望会对教师在角色认同方面产生压力。随着学校功能的日趋复杂化和多样化,教师的作用也发生了变化。学校里的教师不仅仅是教课的角色,同时还是学生群体的领导者、管理者和心理咨询师,还是学生的知己和朋友等。这么多职业角色需要教师在实际的教学和学生管理过程中能够不断地分析和了解自我,能够做好心理准备,以充分发挥自己在教育教学中的主导作用。

一般来说,研究者将角色的冲突分为三类:角色外冲突、角色间冲突和角色内冲突。其中,角色外冲突是指两个不同的角色扮演者之间的矛盾和冲突;角色间冲突是个体所扮演的不同角色之间所产生的冲突;而角色内冲突是指个人在同一角色之中所产生的冲突。美国学者威尔逊认为,所有对社会和他人高度负责的职业角色,都要经受很多的内在的冲突和不安全感。高校教师这一角色是社会责任和对他人责任水平都很高的职业角色,因此研究者认为这一角色会面对比较典型的角色冲突情境。尤其是青年教师由于其职业素质、年龄层次的特殊性,使其在各类职业角色冲突的过程中面对较强的冲突压力。尤其是在角色间冲突上,教师一人身兼多种角色,但由于时间的限制,使他们在完成社会对他们不同角色的期待时会无法达成社会需求而产生冲突。这包括朋友角色与教育者角色的冲突、家庭角色与职业角色的冲突、教学者角色与科研者角色的冲突。这些冲突使高校教师面对的角色压力很大,使高校教师在工作的过程中会产生焦虑、紧张和挫折等负面情绪,常常会影响青年教师的生理和心理健康。

(三) 角色压力理论

角色压力理论源于组织压力理论的研究。该理论认为,人的能量不是取之不尽的资源,而是整体容量有限的资源。在有限资源的前提下,如果要求一个人同时承担多重责任是困难的。根据这一理论,个体每承担一种社会角色,并履行这一角色,需要耗费一些能力资源。因此,当个体需要扮演多重角色,并承担多种责任时,个体的能量资源就会被耗尽。因此,为了能保证个体将有限的资源用于重要的社会角色及其功能,个体就有必要将能量资源进行分配,根据自身角色的特点和重要性排序将能量分配到一个或两个领域的角色之中。如果个体不能很好地在角色间和角色内进行能量的分配，将会导致能量资源被耗尽，个体也会因此产生职业角色方面的倦怠感。

高校教师是广大教师队伍中的一个特殊群体，他们既是某一学科的专家，又是教育教学工作的承担者。教师队伍的结构与教师素质直接关系到高等学校办学的成败。大学教师作为一种特殊职业，要完成培养人才、科学研究和社会服务的三大任务。这三大任务也是高校教师最重要的三个任务。因此，教育者、科研者和社会服务者是高校青年教师最重要的三种职业角色。尤其是随着科研型、综合型大学的发展，教师要很好地完成这三种角色任务，就需要对自己的时间和精力进行分配，并且需要在三种职业角色间相互转换与协调。但是，由于对这三种角色的内涵和期待是不同的，由于这三种角色的任务之间存在不可协调性，所以当青年教师面对超重的工作负荷，并受个人时间和精力的限制，常常很难在三种角色之间进行转换和协调，不能够将能量在这三种角色间进行有效的分配，因此他们常常会产生严重的角色压力。

教学、科研和社会服务三个方面的角色压力会使教师在生理上和心理上都产生不协调和不适应的状态。在教学者角色上，教学是高校青年教师的首要任务，这一角色要求教师具有适当的教育观、专业的学科知识、有效的教学技能，能够根据学科特点和学生的心理学特点来安排教学。因此，教师既需要高水平的知识技能，也需要掌握教育教学的规律，同时拥有教育者的智慧。对于高校青年教师来说，完成教学角色方面的社会期待就会使个体长期面对较大压力。在科研者角色上，科学研究能力是当代高校青年教师的重要能力，根据科研者角色的期待，高校在人才选拔、考核和职称评定方面都需要青年教师拥有较高水平的科研能力。而科研工作虽然非常重要，一般来讲都不会是非常紧急的工作，所以在青年教师入职之初很容易被忽视，这样使个体在后期的评价和职称评定方面受到限制而产生强大的挫折感和紧迫感。在社会服务者角色上，社会服务是当今高校的重要职能，社会要求高校教师运用已经掌握的知识、技能和成果，通过各种形式直接开展社会服务，以提高其社会应用价值。

教学、科研和社会服务对于高校青年教师来说是一种相关但性质差异很大的角色任务，因此高校教师在履行这三种职业角色的需要和期待时，会较难协调三者间的关系。根据角色压力理论，当三种职业角色中所需的资源彼此冲突而各自都需要占有较多资源时，就会使个体的资源不足，产生耗损现象。因此，当高校青年教师时间和精力不足以同时满足教学者、科研者和社会服务者需求时，就会产生角色压力。

第三节 高校青年教师职业压力与心理健康理论

一、职业压力理论

吉里亚科、萨克里夫是研究教师压力的先驱者，他们最早提出的教师职业压力理论模式认为，教师的压力是由教师的工作引起的，进而产生消极情感体验和反应。此理论强调，教师压力的来源往往是潜在压力源，潜在压力源又包括物理压力源和心理压力源。物理压力源指客观实际的情况，如学生过多或者任务太重；心理压力源主要指人际关系不良或者需求得不到满足等。人们首先会评估这些潜在压力源是否有条件转换为实际压力源。如果是实际压力源，就会对教师产生身心等方面的实质性影响。这时候，教师需要做好准备并以一种合理的适应机制去应对，如果适应机制不恰当，教师就会产生压力，进而产生身体和心理的压力反应。之后的布伦纳在吉里亚科、萨克里夫提出的教师职业压力理论模式的基础上进行了修改和补充，提出了新的教师职业压力模式。布伦纳也把压力源分为潜在压力源和实际压力源，并提出了几个新的概念因素，即环境特征、一般紧张度、退缩。其理论强调教师本身的特征在面对职业压力时所起的作用，不同的教师在面对相同情境的压力时表现各不相同，对教师本人产生的影响也有很大不同。

迪克、魏格纳则采用结构方程模型验证了吉里亚科和萨克里夫的教师职业压力模式，并建立了一个扩展模式，增加了应对策略这一变量。应对策略是作为一种调节变量出现的，它负责调节工作负担和倦怠之间的关系。良好的应对策略可以帮助教师减轻压力，主观上体验到的压力减轻，身体上的倦怠感将随之减少。

关于职业压力产生的机制有很多理论进行了解释和分析。其中，个体—环境匹配理论是职业压力理论中运用得最为广泛的理论。它认为压力的产生是由个人和环境两个因素共同引起的，而不是由哪一单方面引起的。个人因素主要指的是能力，当自身的能力足够对付所处的工作环境时，压力便不会过重；而当感觉到能力不足，或者工作能力和环境不匹配时，个体便会感觉到极大的压力。

拉扎勒斯提出的交互理论是职业压力领域最有影响力的理论之一。该理论认为，压力是一个过程，这一过程随着时间和面临任务的不同而产生变化。个体和环境的交互影响大于二者单独的影响。当工作任务与个人具有重要关系，或者工作任务的难度超出了自己的心理负荷时，压力便会产生。

工作要求—控制—支持模式理论认为，工作要求和工作控制影响员工的工作压力，工作支持也起着很重要的作用。高要求—低控制—低支持的工作类型往往导致心理压力和生理疾病。而与之相对应的是，高要求—高控制—高支持的工作将增加学习、动机和技能的发展，控制力和社会支持在有高要求的工作中发挥着重要的支撑作用。教师在遇到较难的工作任务时，往往倾向于得到团队的帮助，这样才能激发自己的动机并提升学习能力。同时，教师也希望能掌握和控制工作的进程，这样在工作中才能更好地做到游刃有余。

二、职业倦怠理论

职业倦怠是指一个人的期望值较高，而实际情况又不能达到自己的期望值时所产生的一种情绪失望、心态疲惫的现象。教师的职业倦怠是指教师在长期的工作压力下，在认知、情感和意志力等方面出现的日益衰竭等状况，表现为对工作失去热情，积极主动性不强，精神萎靡不振，工作效率低下等。长时间的职业倦怠会对教师的身心产生严重的影响，进而影响学生的健康成长和发展。

教师的职业倦怠理论模型有 Friedma 的历程模型和 Dorman 的结构模型。历程模型从教师职业生涯的角度来认识教师职业倦怠现象。他认为教师职业倦怠不是突然形成的，而是一个长期的渐进的发展过程。他将教师的职业生涯分为跌落期、疲倦耗竭期和调整期。在教师职业生涯的早期，教师往往抱有很大的工作热情和很高的工作期望。但随着时间的推移，许多教师发现理想与现实的差距越来越大，发展前景和职业上升通道狭窄，于是出现了明显的无力感，整体疲于应付各种自己不喜欢、不擅长的工作任务，心理落差十分强烈，从而产生倦怠感。结构模型认为，影响教师职业倦怠的因素既有组织变量，也有个性变量，其中角色负担过重、角色冲突、班级环境会导致教师产生职业倦怠，进而出现情感耗竭，影响教师的教学效能感。

哈里森（Harrison）于1980年提出的社会胜任模式认为，职业倦怠并非是某些特定工作类型所带来的，而是与个人的自我胜任力有关系。工作者如果认为通过自己所做的事情对工作对象有明显的改进，那么就会产生积极情感，认为其价值得到了充分发挥，胜任感将会提高。反之，如果没有达到帮助他人的效果，则助人的动机会下降，逐步就会形成职业倦怠感。卡罗尔（Carroll）和怀特（White）于1982年提出的生态学模式认为，职业倦怠是一种生态上的功能失调现象。个人的职业倦怠往往是由个人身体状况、目标、需要、价值观等多方面组成的生态链决定的。当生态链的任一环节出了问题，个人又无力通过自身进行消化解决时，就容易产生职业倦怠感。生态学模式说明了职业倦怠是个人变量与环境变量交互影响的结果，研究和应对倦怠现象需要多方面的协同努力。资源守恒理论（Hobfoll，1989），认为心理压力产生的来源之一是资源损失。职业倦怠是资源缺失量多于资源补充量。随着时间的推移，教师的心理资源会逐渐损耗。此时，如果得不到来自其他个人、组织、社会的心理资源支持，教师的心理资源和心理能力就会很快衰竭，倦怠心理产生便不难理解了。

三、职业幸福感模型

1. 里夫（Ryff，C. D.）的幸福感模型

心理学家 Ryff 提出了人类幸福感的六维模型，该模型批评了以往幸福感研究过分关注情感，认为幸福感应该是努力地表现真实的自己。此模型包括六个维度，分别是自我接受、环境掌控、自主性、积极的人际关系、个人成长和生活目的。自我接受要求人们能够学会悦纳自己，包括接受自己身上存在的缺点和不足。环境掌控要求人们能够对周围环境有充分的认识，并可以利用外部环境提供的资源为自己服务。自主性要求人们能够独立自主地思考问题，主动地对自己的行为和想法进行调整。积极的人际关系要求人们能本着尊重、真诚的态度与他人交往，能够互相理解和体谅。个人成长则意味着不断地提高和进步，丰富和完善自己的知识和经历，实现自身的理想和抱负。生活目的即大家要有生活的目标和方向感，积极寻求有意义的生活方式和生活追求。只有很好地做到以上几点，才能拥有真正的幸福感。

2. 沃尔（Warr，P. B.）的心理健康模型

Warr 认为，职业幸福感由情感、抱负、自主性和能力四个维度和一个包含前四个维度的第五维度（整合功能）组成。情感维度由情感体验的几个不同等级构成，如焦虑—舒适、压抑—愉快、厌倦—激情、疲劳—活力

和愤怒—平静。这些等级中的正面因素是构成幸福感的主要方面。其中，压抑—愉快等级尤为重要。很多幸福感测试的问卷都是根据这一维度来编制的。抱负指的是个体对工作充满热情，希望在自己的岗位上做出一番成就，并同时实现个人的人生价值。自主性是指个体能够自主掌控事情和自我的发展。但是自主性过强也未必是好事，可能带来反作用。能力指的是个体能够有效地处理和解决环境中出现的各类问题，对自身能力有充分认识和自信并能在面对具体问题时能有效地加以解决。整合即指将各种复杂的因素合在一起时能杂而不乱，能正确、客观、冷静地处理复杂事物的能力。

3. 琼·范·霍思（Joan E. Van Horn.）等人的教师职业幸福感模型

Joan从五个角度来分析职业幸福感的构成，即情感维度、职业维度、社会维度、认知维度和身心健康维度。与上述两种理论的区别在于，该理论将组织承诺纳入情感维度当中去。在一个组织中，参与度是会影响到人们的愉快—不愉快维度的。人们往往希望在一个组织或者群体中扮演重要的角色，充分发挥自己的作用，赢得别人的尊重和赞赏，获取更多的认可，从而感到更加幸福。第二个不同之处在于身心健康维度，此维度客观地将生理指标纳入幸福感的评价体系中。如果一个人长期存在身体异样，即使其他维度没有问题，但幸福感也便不会太高。Joan认为，幸福感和身体健康的关系很大。

四、心理健康的影响因素

心理健康是一种状态、一种关系，它是指人的内心世界和客观环境能够达到和谐平衡的状态，即认知、情感、意志、行为、人格完整协调。对于教师来说，随着竞争的加剧和教师工作任务的复杂性与艰巨性，教师的心理健康问题越发明显。究其原因，我们从以下两个角度对高校青年教师的心理健康影响因素进行分析。

1. 影响教师心理健康的个体因素

影响教师心理健康的个体因素通常包括性别、年龄、职称、学历、婚姻状况、岗位类型等人口学变量。在通常情况下，男教师的心理健康水平要略低于女教师，这主要是由于社会性别角色和社会期待所造成的。从年龄来看，新入职的教师和年龄较大的教师心理健康水平要高一些。职称在高校教师的评价体系中占有十分重要的位置。但是现在高校教职工多，高级职称人员数量少是一个客观现实。很多优秀的年轻教师虽然资格够了，但是由于学校没有高级职称的名额，导致他们不能晋升职称。因此，职称较高的教师往往心理健康水平较高。教师岗等专业技术岗位的教职工往往高于行政岗位的一般教师。高校中心理压力较大、心理健康水平较低的往往是中年教师和骨干教师。这些教师占据了学校教师的很大一部分比例，但他们教学科研任务重，职务、职称晋升难，家庭负担处于人生中最重的时候，所以很容易产生心理压力，导致心理健康水平变低。除了这些自然因素之外，教师个人的认知倾向、行为特点、应对方式也会影响个人的心理健康。心理承受力强、自我意识良好、同事关系融洽的教师更容易获得幸福感。自尊较低、具有外控倾向的教师更容易遭遇心理危机。

2. 影响教师心理健康的学校组织环境因素

学校作为一个较大的社会群体或社会组织，对教师有很强的组织影响力。学校组织气氛是学校领导与教师、教师之间相互作用中形成的一种为学校成员所知觉并影响其行为表现的持久性特质。具体在高校这个组织中，组织的建设配备、教师与领导、教师之间、教师与行政人员之间的关系均会对教师本人产生影响。组织层级过多、运转缓慢、机构臃肿、行政效率低下均会对教职工产生不良影响，增加教师的职业倦怠感。组织中教师的整体工作热情、工作目标，以及是否有适合的组织领导，也影响教师的心理健康水平。一般来说，管理民主、工作有干劲并且发展思路清晰的领导更受普通教师的信任与拥戴。除此之外，组织公平也是影响教师心理健康的一个因素，组织公平能促进组织健康发展。其中，分配公平和程序公平本身能促进组织支持的发展，而组织支持反过来又调节了组织公平感在组织承诺和离职意向上的作用。高校在收入分配、教学分配、职工激励等方面做得好，会大大增加普通教师对组织的认同感和信任感，教师往往会以更高的热情和干劲去回报组织。

第三章 北京高校青年教师心理特征研究调查工具开发

第一节 高校青年教师心理特征调查问卷设计

一、核心指标

前文已经提到，本研究所指的教师心理特征就是指在学校教育机构中从事教育教学、研究及教育管理工作的人员，在完成工作任务过程中呈现的相对稳定的特性。它包括教师的认知特征、个性特征、态度特征、需要特征、心理健康、教学效能感及职业倦怠等心理特征。由于受所处的时代背景、年龄阶段和职业地位等方面因素的影响，高校青年教师形成了不同于中老年教师独特的心理特征。通过文献梳理，我们认为高校青年教师心理特征应该主要包括四个方面的核心特质，即认知、态度情感、需要动机、压力与心理健康。

（一）认知

认知可以分为自我认知、社会认知、专业认知三个层面。认知也可以称为认识，是指人认识外界事物的过程，或者是对作用于人的感觉器官的外界事物进行信息加工的过程。它包括感觉、知觉、记忆、思维、想象、言语,是指人们认识活动的过程,即个体对感觉信号接收、检测、转换、简约、合成、编码、储存、提取、重建、概念形成、判断和问题解决的信息加工处理过程。在心理学中,它是指通过形成概念、知觉、判断或想象等心理活动来获取知识的过程,即个体思维进行信息处理的心理功能。认知是心理过程的基础,对客观世界的认识、理解决定了个体的情感和个性。健康的认知符合客观事实,不偏激、不扭曲,同时积极正向。

自我认知是对自己的洞察和理解,包括自我观察和自我评价。自我观察是指对自己的感知、思维和意向等方面的觉察。自我评价是指对自己的想法、期望、行为及人格特征的判断与评估。

社会认知是个人对他人的心理状态、行为动机、意向等做出推测与判断的过程。它也是人们如何选择、解释、识记和运用社会信息来作出判断和决定。❶

专业认知是指对所学专业的培养目标、知识内容和素养要求,对从事具体职业的工作特点、工作内容和发展方向的整体认知。

(二) 态度情感

态度情感特征包括自我体验、对工作、对学生、对领导和同事等的感受与体验。态度是个体对特定对象(人、观念、情感或者事件等)所持有的稳定的心理倾向。这种心理倾向蕴含着个体的主观评价,以及由此产生的行为倾向性。迈尔斯指出,态度的结构涉及三个维度:情感、行为意向和认知,其中情感是核心成分。情感因素就是指个人对态度对象的情感体验,如尊敬—蔑视、同情—冷漠、喜欢—厌恶等。态度情感反映的是客观事物带给个体的主观心理感受,主要包括关于工作、学生、同事关系等的评价,与心理健康关系密切。拥有稳定的、积极的、乐观的情感是心理健康的重要标志;而不稳定的、消极的、悲观的情感则可能是其他更严重心理问题的标志。

---

❶ 侯玉波.社会心理学[M].第二版.北京:北京大学出版社,2007.

（三）需要与动机

动机是由目标或对象引导、激发和维持个体活动的一种内在心理过程或内部动力。需要是有机体内部的一种不平衡状态，它表现在有机体对内部环境或外部生活条件的一种稳定的要求，并成为有机体获得源泉。[1]

需要与动机属个性中的个性倾向性系统，个性倾向性是推动人进行活动的动力系统，包括需要、动机、兴趣、爱好、理想、价值观等。需要是有机体感到某种缺乏而力求获得满足的心理倾向，它是有机体自身和外部生活条件的要求在头脑中的反映，包括生存需要、自尊需要、发展需要等。动机是推动人从事某种活动，并向着一个方向前进的内部动力，是为实现一定目的而行动的原因。合理的需要和动机水平是健康的基本保证，动机水平过高，个体会感到压力巨大，会出现过度焦虑而影响身体健康；而动机水平过低，则会出现萎靡不振，敷衍了事，郁郁寡欢。

（四）压力与心理健康

压力与心理健康状况，包括来自人际关系、个人发展、家庭等方面的压力及心理健康状况。心理压力是个体在生活适应过程中的一种身心紧张状态，源于环境要求与自身应对能力不平衡。这种紧张状态倾向于通过非特异的心理和生理反应表现出来。压力是压力源和压力反应共同构成的一种认知和行为体验。人的内心冲突及与之相伴随的情绪体验是心理学意义上的压力。心理健康指个体能够积极地、正常地、平衡地适应当前和发展的社会环境的良好心理状态。心理健康的人不仅具有良好的自我意识，而且能够认识到自己的长处和不足，能够与社会相和谐。适度的压力是生活的常态，可以提高效率、激发潜能，使人获得成就。压过大的压力则会造成身体功能紊乱、心理健康水平下降的后果。压力与心理健康状况反映个

---

[1] 彭聃龄.普通心理学(修订版)[M].北京:北京师范大学出版社,2004.

体心理偏离正常水平的程度。

二、问题设计

  本研究的问卷设计参考了有关文献中发展成熟的问卷和量表，结合本研究的目的与调查对象特征进行修订，编制成适合本研究的调查问卷（参见本书附录《北京高校青年教师心理特征调查问卷》）。

  问卷编制出来以后，经过两次小范围预测，四次修改，删减、修改有问题的项目和措辞，最后定稿施测。定稿问卷的项目格式为选择题，第1~16题为基本情况题，是自变量，只分类、不计分；第17~79题为心理特征计分题，被试最高得分315分，最低得分63分。高分者心理特征为：热爱工作、自信、放松，对未来有信心，有远大理想和高尚情怀，心理健康状况佳。低分者心理特征为：自卑，不喜欢自己的专业和工作，对前途悲观，计较现实小利，人际关系不好，心理健康状况差。第17~29题共13项，反映被试的认知特征；第30~41题共12项，反映被试的态度与情感特征；第42~54题共13项，反映被试的需要与动机特征；第55~79题共25项，反映被试的压力与心理健康状况。第19、20、23、25、31、33、34、35、39、40、42、43、44、46、50、53、54、55、56、57、59、61、62、63、64、65、67、68、69、70、71、72、73、74、75、76、78、79题共38项，是反向计分题，即选（1）项，得5分；选（2）项，得4分；选（3）项，得3分；选（4）项，得2分；选（5）项，得1分。

  项目的总的编排原则是由易到难，这样可以避免被试在难题上耽搁太多时间，而影响解答后面的问题。对于心理特征测评，我们将通俗性高的项目，如性别、外貌认知等，放在前面，而将婚姻状况、消极情绪等涉及隐私和负性感受的项目放后面。问卷项目选出之后，我们根据测验的目的与性质，并考虑被试作答时的心理反应，将项目以并列直进式加以合理安排。并列直进式是将整个测验按项目内容或形式分为若干分测验，属同一分测验的项目，则依其难度由易到难排列。并列直进式的优点是作答容易，节省心理能量，答题效率高。但并列直进式有心理暗示程度高的缺点，被试可能按惯性答题而不去认真思考。为避免出现这一问题，我们采用的是不加标题、题号连续的并列直进式，并大量穿插使用反向题，以打破被试答题时的心理定式，最后形成如下问卷。

（一）认知指标

认知指标的问题设计，主要包括13个问题，分别是：

1. 我不为自己的外貌而烦恼。
2. 我是我的家族和亲戚中学历最高的人。
3. 我的高中同学大部分发展得比我好。
4. 我的大学同学大部分发展得比我好。
5. 我比我爸爸要成功得多。
6. 虽然我也有缺点，但我对自己还是相当满意的。
7. 我觉得这个社会根本没有公平可言。
8. 老实人吃亏是这个社会的普遍现象。
9. 如果让我再选择一次，我还是会像现在这样生活。
10. 我对我的生活很满意。
11. 与同龄人相比，我感到很知足。
12. 我喜欢我的专业。
13. 五年内我肯定不会换工作或"跳槽"。

问题采取5级评分制，1表示非常不符合（同意），2表示比较不符合（同意），3表示难以确认，4表示比较符合（同意），5表示非常符合（同意）。

（二）态度情感指标

态度与情感指标主要是包括关于工作、学生、同事关系等的评价，主要包括12个问题，分别是：

1. 我工作时总是精力充沛、精神饱满。

2. 我总是感到孤独。

3. 每天的生活中总是有我感兴趣的事情。

4. 我很少夸奖别人。

5. 想到未来，我感到紧张和焦虑。

6. 不高兴时，我只会抱怨。

7. 我经常关心别人并知道如何关心别人。

8. 我愿意和别人合作并从中得到乐趣。

9. 我对学生及他人产生了良好影响。

10. 我觉得现在的学生不如自己上学时优秀。

11. 我的领导是个让人讨厌的人。

12. 我对自己的职业感到自豪。

问题采取 5 级评分制，1 表示非常不符合（同意），2 表示比较不符合（同意），3 表示难以确认，4 表示比较符合（同意），5 表示非常符合（同意）。

（三）需要与动机指标

需要与动机指标主要测量被试在生存、尊严和发展等方面的需要，包括 13 个问题，分别是：

1. 我觉得我的工资只能维持温饱。

2. 为了多赚钱，我愿意尝试违规的事情。

3. 在同学聚会中，有钱的同学在场让我感到难受。

4. 在"出名"和"赚钱"中，我宁愿选择"出名"。

5. 我认为，可以与学生恋爱、结婚是大学教师的一个优势。

6. 我相信未来我会成为一名知名学者。

7. 我现在的工作很轻松，有许多自由的时间能做自己的事。

8. 我努力工作是为了给孩子创造一个较好的未来。

9. 如果我将来比现在更成功，那么我就会吸引到更多、更优质的异性。

10. 我投入专业工作中，是因为它真的充满趣味。

11. 本专业的大师都是我的人生楷模，我非常敬佩他们。

12. 我当大学教师只是为了解决北京户口问题。

13. 我当教师就是为了退休有保障。

问题采取 5 级评分制，1 表示非常不符合（同意），2 表示比较不符合（同意），3 表示难以确认，4 表示比较符合（同意），5 表示非常符合（同意）。

（四）压力与心理健康指标

该指标主要包括人际关系、个人发展、家庭等方面，主要测量被试在躯体化、强迫、抑郁、敌对、社交问题、精神病性等方面的状况和表现。共有 25 个问题，分别是：

1. 我经常感到头痛或头晕。

2. 我做事情必须反复检查。

3. 我工作时不允许出现差错。

4. 我总是积极主动做事。

5. 如果领导不布置任务，我便不知道该干什么。

6. 即使对讨厌的人，我也不轻易发火。

7. 我做事情不考虑后果。

8. 我感到很少有人理解自己。

9. 我容易疲乏。

10. 我失眠。

11. 我感到生活空虚、无趣。

12. 我觉得自己是个有用的人。

13. 我觉得自己是一个失败者。

14. 我的才能得不到发挥。

15. 有时，我会不顾场合地大发雷霆。

16. 当别人取得成绩时，我很想打击他（她）一下。

17. 我一直想偷懒。

18. 我憎恨周围的人。

19. 我觉得别人对我的成绩没有进行恰当的评价。

20. 我的家庭总是让我操心。

21. 我感到压抑。

22. 做科研、写论文总是让我痛苦。

23. 我总有办法快速排解自己的负面情绪。

24. 我感到有人要迫害自己。

25. 我能听到别人听不到的声音。

问题采取5级评分制，1表示非常不符合（同意），2表示比较不符合（同意），3表示难以确认，4表示比较符合（同意），5表示非常符合（同意）。

（五）人口学特征（个人基本资料）

人口学特征是问卷调查的基础内容，反映被调查者的性别、年龄等基本情况。本问卷涉及的人口学特征主要包括姓名、性别、年龄、婚姻状况、最后学历、学位、是否有留学经历、婚姻状况、子女情况等。主要包括以下8个问题。

1. 姓名：（可不填或匿名）_____

2. 性别：

（1）男　（2）女　（3）LGBT

3. 年龄：

（1）20~25岁　（2）26~30岁　（3）31~35岁　（4）36~40岁
（5）41~45岁

4. 最后学历：

（1）大专　（2）本科　（3）硕士研究生　（4）博士研究生

5. 学位：

（1）无学位　（2）学士　（3）硕士　（4）博士

6. 是否有留学经历：

（1）是（_____年）　　（2）否

7. 婚姻状况：

（1）单身　　（2）已婚　　（3）分居

8. 子女情况：

（1）无

（2）有一位共同生活的子女

（3）有两位及以上共同生活的子女

（4）有一位不共同生活但需抚养的子女

（5）有两位及以上不共同生活但需抚养的子女

（6）有子女，但无须抚养

（六）工作岗位特征

主要包括参加工作年限、学校类型、现岗位、职称、职务、年收入。共有8个方面的问题。

1. 参加工作年限：

（1）两年以下　　（2）2~5年　　（3）6~10年　　（4）11~15年

（5）16~20年　　（6）20年以上

2. 所在学校类型：

（1）高职　　（2）三本　　（3）二本　　（4）一本　　（5）"211"高校或"985"高校

3. 现岗位：

（1）一线教师　　（2）行政人员

（3）教辅人员（图书馆员、实验员等）　　（4）专职科研人员

4. 职称：

（1）无　　（2）助教或相当于助教　　（3）讲师或相当于讲师

（4）副教授或相当于副教授　　（5）教授或相当于教授

5. 是否担任研究生导师：

（1）否　（2）硕士生导师　（3）博士生导师

6. 职务：

（1）无　（2）教研室主任或科级　（3）系主任或处级

（4）学院领导　（5）校级领导

7. 年收入：

（1）8.25万~35万元　（2）3万~6万元　（3）6万~9万元

（4）9万~12万元　（5）12万~16万元　（6）16万~20万元

（7）20万~25万元　（8）25万~35万元　（9）35万~50万元

（10）50万元以上

8. 所从事的专业方向：

（1）理科　（2）工科　（3）文科　（4）边缘学科

三、抽样程序和调查阶段

（一）抽样程序

问卷调查过程采用了非概率抽样方法进行抽样。由于研究涉及的群体难以按照标准的概率抽样程序进行抽样，加之研究经费等的限制，基于实际可操作的考虑，在问卷调查中选取了非概率的配额抽样方法。这种方法没有遵循随机原则，无法在数学基础上保证样本的代表性，但其结果仍然可以在一定程度内推论到总体。就本研究而言，这是一个可以接受的抽样方法。配额抽样虽属非概率抽样，但它在方法设计上以代表总体为目的，它针对调查对象的某些属性或特征，将总体中的所有个体分为若干类或若干层，然后在各类（层）中抽样，尽可能保证样本中各类（层）所占比例与它们在总体中所占比例一致。配额抽样假定，只要类型划分细致合理，在各类（层）中选取的样本就可以较准确地反映总体。

本课题的配额抽样具体方案是根据北京市市属院校的性质和青年教师队伍的规模进行配额，第一层配额为市属院校的性质，第二层配额为青年教师群体，主要按照比例进行配额。配额原则一是尽可能保证所抽样本能够在一定程度上代表北京市市属院校青年教师群体；二是根据各抽样学校青年教师群体的实际情况适当调整配额。

考虑到研究对象的分布及市属院校的不同层次，课题组将市属院校分为"211"重点院校、重点院校、普通本科院校、"三本"院校和高职院校5类，尽可能使得抽样样本能够代表北京市市属院校的总体情况。

在确定抽样院校以后，对教师群体进行成比例随机概率抽样，根据所选取样本院校的青年教师数量确定各院校发放的问卷数量，各院校内进行随机抽样。

（二）问卷调查阶段

问卷调查分为两阶段进行，第一阶段为问卷测试，发放问卷30份，并针对试测中发现的问题调整和修订问卷。

第二阶段为正式问卷调查，发放正式问卷600份。每份问卷向调查对象强调保密性，保证仅用于学术研究使用，避免涉及个人隐私问题，并提供调研的小礼品，以提高填答的意愿。

正式在问卷调查阶段，主要通过各抽样院校的联络人代为发放问卷。在问卷发放之前，对联络人进行培训，并指定专人对各院校的问卷进行数据核查，以保证数据的质量。

四、信效度检验

（一）信度检验

信度是指问卷测试结果的一致性和稳定性，一份问卷的调查结果不会因调查者和调查时间不同而产生显著误差，则其调查结果就是稳定的和可靠的。同置信度是指问卷项目之间的同定性或内部一致性。本研究采用克隆巴赫系数（Cronbach Alpha）进行同定性信度检验。在社会科学研究领域中，一般认为，分量表（层面）信度系数在 0.70~0.80，表明信度高；如果信度系数在 0.80 以上，那么表明信度很高；如果整个问卷（量表）信度系数在 0.8 以上，则表明信度高。本研究修订的信度检验效果见表 3-1。其中第一部分为认知测量，第二部分为态度情感测量，第三部分为需要与动机测量，第四部分为压力与心理健康测量。

表 3-1　各维度的信度系数

	认知	态度	需要与动机	心理健康	问卷总体
克隆巴赫系数	0.823	0.830	0.706	0.836	0.852

检验表明，问卷整体上的克隆巴赫系数达到 0.852，信度高。同时，各维度克隆巴赫系数均在 0.70 以上，因此具有很高的信度。

（二）效度检验

问卷的效度主要包括内容效度和结构效度等方面。内容效度又称为逻辑效度，是指量表内容或题目的适切性与代表性，即测验内容能否反映所要测量的心理特质，能否达到调查的目的。[1] 本研究问卷各题目和维度的调整综合考虑了已有的研究和文献基础、访谈资料等。在修订前后，我们曾多次请教育学、社会学专家等，并进行了讨论和修改，保证了问卷能够涵盖参与性学习的各个方面，逻辑上比较清楚、完整。

问卷结构效度是问卷实际测到所要测量的理论结构和特质的程度，即测量分数能够解释假设理论的某种结构或特质的程度。本研究通过因素分析对问卷进行效度检验，主要检验结果见表 3-2。

---

[1] 吴明隆.问卷统计分析实务[M].重庆：重庆大学出版社,2010.

表 3-2　KMO 值和 Bartlett 球形检验

维度/项目	认知	态度	需要与动机	心理健康	总检验
KMO 取样适切性	0.543	0.754	0.656	0.879	0.842
Bartlett 球形检验的显著性	0.000	0.000	0.000	0.000	0.000

如表 3-2 所示，通过 SPSS 软件测算 KMO 值和 Bartlett 球形检验。量表中五个维度的总体 KMO 值为 0.842，表明问卷变量间具有共同因素存在，调查所抽取的样本具有很好的适切性。Bartlett 球形检验是考察量表是否适合进行结构效度检验的测量。其显著性 p 值小于 0.05 时，说明数据呈现不是单元矩阵的假设，适合进行结构效度的检验。从表 3-2 可以看出，不论是五个维度本身还是量表总体，其显著性结果均小于 0.05，说明量表非常适合进行结构效度检验。

从表 3-3 来看，每一维度与其他维度若至少有一项绝对值高于 0.50 的积差相关系数，表明此两维度具有很好的密切性。若某一维度与其他维度存在至少一项绝对值高于 0.20 的积差相关系数，则表明此两维度的密切程度一般（1 与 4 积差相关系数绝对值为 0.515，密切程度较好；1 与 3 的积差相关系数绝对值为 0.227，2 与 3 积差相关系数绝对值为 0.264，2 与 4 的积差相关系数绝对值为 0.360，3 与 4 的积差相关系数绝对值为 0.398，均大于 0.20，密切程度一般）。

表 3-3　结构效度检验——探索性因素分析

维度/因素	1	2	3	4
认知	1.000	-0.193	-0.227	-0.515
态度	-0.193	1.000	-0.264	-0.360
需要与动机	-0.227	-0.264	1.000	-0.398
心理健康	-0.515	-0.360	-0.398	1.000

注：提取方法为主轴因子分解。旋转法：具有 Kaiser 标准化的斜交旋转法。

总体来说，本研究具有较高的结构效度，主要体现在以下四个方面。

分测验分数与总分的相关性见表 3-4。

表 3-4 分测验分数与总分的相关性

		认知	态度情感	需要动机	压力心理健康
总分	相关性	0.69	0.756	0.663	0.88
	显著性	0.000	0.000	0.000	0.000

（1）理论构思结构严谨、符合逻辑、层次分明。本研究将高校青年教师的心理特征分为认知特征、态度与情感特征、需要与动机特征、压力与心理健康状况四个方面。这样的理论构思比较严谨、完整、有层次，并且形成一种"网络"，便于理解和研究。相关分析表明，四个分测验分数与总分的相关达到非常显著的水平，说明这样的理论构思科学、合理。

（2）清晰、准确地界定研究的环境条件和变量。本研究对被试的年龄段，工作、生活、社会环境等明确界定范围，准确地表述了研究变量。

（3）研究变量给出了准确、严格的操作定义，并选择对应、客观的观测指标。本研究对被试认知特征、态度与情感特征、需要与动机特征、压力与心理健康状况四个方面和总分，都给出了严格的操作定义和相应测试项目，考察认知特征的有 13 项，考察态度与情感特征的有 12 项，考察需要与动机特征的有 13 项，考察压力与心理健康状况的有 25 项。

（4）避免采用单一方法或单一指标去代表或分析多维的、多层次的、多侧面的事物和活动，而采用多种方法、多种指标，从不同角度分析研究相同的理论构思。本问卷除了有 63 个项目评估被试的心理特征，还有 16 项基本情况调查和 10 项补充调查，多角度探索被试的心理特征。

五、难度与区分度

在调查问卷中，第一部分基本情况问卷与第三部分补充信息问卷不需要进行难度与区分度分析。第二部分心理特征评估问卷的各项目难度值如表 3-5 所示。

表 3-5　问卷项目难度值

项目号	N 有效	N 缺失	均值	难度值
17	550	6	4.0236	0.8
18	552	4	3.5960	0.7
19	549	7	3.1530	0.6
20	551	5	3.1071	0.6
21	545	11	3.0128	0.6
22	552	4	3.6793	0.7
23	549	7	3.5046	0.7
24	551	5	3.3358	0.6
25	549	7	2.9617	0.5
26	551	5	3.7967	0.7
27	550	6	3.9582	0.7
28	551	5	4.0309	0.8
29	549	7	3.7687	0.7
30	552	4	3.7862	0.7
31	552	4	3.6486	0.7
32	549	7	3.5865	0.7
33	553	3	3.8915	0.7
34	551	5	3.3829	0.6
35	549	7	3.7796	0.7
36	549	7	3.7614	0.7
37	552	4	4.0725	0.7
38	551	5	3.8566	0.7
39	550	6	3.3491	0.6
40	550	6	4.0182	0.8
41	551	5	3.7350	0.7

续表

项目号	N		均值	难度值
	有效	缺失		
42	550	6	2.4691	0.4
43	551	5	4.4592	0.8
44	551	5	3.9419	0.7
45	550	6	2.2509	0.4
46	551	5	4.2105	0.8
47	551	5	2.6171	0.5
48	550	6	2.6200	0.5
49	548	8	3.2099	0.6
50	548	8	3.4106	0.6
51	548	8	3.5055	0.7
52	547	9	3.5795	0.7
53	544	12	4.1801	0.8
54	547	9	3.8336	0.7
55	545	11	3.5743	0.7
56	549	7	2.8616	0.5
57	546	10	2.7454	0.5
58	548	8	3.6661	0.7
59	546	10	3.8425	0.7
60	548	8	3.3212	0.6
61	547	9	4.0494	0.8
62	546	10	3.7234	0.7
63	549	7	3.0856	0.6
64	546	10	3.7875	0.7
65	544	12	3.9007	0.7
66	546	10	3.6044	0.7

续表

项目号	N		均值	难度值
	有效	缺失		
67	547	9	3.9324	0.7
68	548	8	3.7391	0.7
69	549	7	4.1585	0.8
70	547	9	4.4095	0.8
71	547	9	3.8867	0.7
72	548	8	4.4836	0.8
73	545	11	3.8367	0.7
74	544	12	3.7151	0.7
75	546	10	3.7637	0.7
76	547	9	3.1993	0.6
77	548	8	3.2792	0.6
78	549	7	4.4791	0.8
79	549	7	4.3461	0.8
平均难度				0.6761905

表3-5表明，63个项目的平均难度值是0.6761905，难度适中，有利于被试做出差异化选择。对63个项目进行条目分析，计算各项目得分与总分的相关。结果表明，59个项目相关非常显著，说明这些项目对被试有很好的区分度，质量上乘，信度效度有保证。有2个项目相关不显著，即"我比我爸爸要成功得多""如果我比现在更成功，就会吸引到更多更优质的异性""我工作时不允许出现差错"有1个项目得分与总分呈负相关，"在出名和赚钱中，我宁愿选择出名"。这4个项目区分度不高，预测中没有发现，进一步修订时可将其删掉。

第二节 高校青年教师心理特征定性研究设计

一、定性研究的目的

定性以人文主义方法论为指导，在研究过程中，充分考虑人的特殊性，以及研究者在研究过程中的作用，目的在于深入被研究的内心世界去理解他们的行为及其所产生的社会后果，结合行为主体对于社会世界的认识能力和能动特性、思维与意志等，来描述或建构研究对象的经验世界。

本研究的承担者是一群高校青年教师，研究对象也是高校青年教师，借线下面对面访谈和线上社交网数据分析，围绕"高校教师心理特征"的主题，在问卷调查的同时，也采取定性研究方法，从切身体会和参与观察视角出发来呈现高校青年教师心理特征一个"我观"的层面，以期更好地了解高校教师的内心世界、梳理其心路历程，使本研究更有深度，更好地呈现高校教师心理特征的现状。

二、定性研究的程序

（一）提纲的拟定

资料的收集是定性研究最为重要的基础。资料收集的质量如何直接决定了最终的结果是否具有可信度和真实性。一个高质量资料收集过程首先需要制定出高效度的提纲。在定性研究中，提纲都要求严格地围绕研究主题和问题而展开。

本研究聚焦高校青年教师群体，从成长经历、职业动机、职业体验、薪酬评价、发展路径和舆论环境六个角度分析其心理特征。具体研究设问包括以下六个方面。

（1）高校青年教师是一群怎样的人？

（2）为什么选择教师这个职业？

（3）当高校教师是一种怎样的体验？

（4）高校青年教师如何看待工资？

（5）高校青年教师破茧路在何方？

（6）高校教师所处的舆论旋涡。

（二）资料收集

本研究采用双混合路径设计：量性和质性研究相结合，线上与线下数据相结合。

线下研究主要采用访谈法，通过访员和青年教师面对面地交谈来了解其心理和行为的心理学基本研究方法。本研究将访谈法作为研究初期的探索手段，不做既定的结构，通过开放自由的访谈了解研究可能的方向和要关注的焦点问题。本研究访谈了全国高校排名前三名的青年教师2名，全国普通高校青年教师2名，高等职业院校青年教师3名，其中男性4人，女性3人。

线上研究采用经验取样法和情感分析法。随着Web 2.0时代的到来，在线社交媒体凭借其开放性、交互性和实时性等特点获得了空前的发展。与此同时，大数据研究方法的蓬勃发展也为进行在线文本分析提供了方法论上的支持。例如，微博作为国内最具代表性的在线社交媒体之一，自2009年成立以来，短短5年内已累积超过5亿用户，每天产生或转发微博数量达1亿多条。通过网络社交平台，人们可以进行在线互动，并自由公开地对时事热点表达自己的观点和情感。微博产生的海量在线文本信息包含了人类丰富的心理过程，逐渐成为社会科学研究的新宠。❶

在经验取样法的基础上，本研究采用大数据研究中常用的数据挖掘技

---

❶ 乐国安,董颖红,陈浩,赖凯声.在线文本情感分析技术及应用[J].心理科学进展,2013(10).

术和词汇分析法对高校青年教师心理进行分析。数据挖掘部分包括数据提取和数据预处理，情感分析部分包括人工情感分类和采用机器学习法对数据集进行情感分类。

　　社交网络使用者的选取由于技术手段限制，采取非随机抽样的方式。国内社交网络平台用户数量巨大，大部分用户偏好匿名式使用，并在使用过程中使用了或粉饰或矮化的不同自我呈现策略。有的用户注册多个账户，同时使用不同昵称。因此，凭借微博客后台数据抓取难以获得使用者在人口统计学上的真实信息；从微博客前台的观测，也无法获知所有使用者的性别、婚姻状况、职业、年龄、教育程度等信息。笔者在参与式观察和访谈用户的选取上，采用立意抽样（又称判断抽样）和滚雪球抽样两者相结合的方式。判断抽样是研究者主观介入样本的选取过程，根据研究者主观判断来设定或剔选特定调查对象。笔者首先以年龄（"80后"）、职业（高校教师）为选取样本的标准进行判断抽样，在进行三个星期的初期观察后，判断该用户是否具有高校教师的行为特征，再将其定为最终样本，通过彼此关注的圈内人以滚雪球的方式扩大样本量。样本的社交平台来源和样本量见表3-6。

表 3-6　本地社交平台来源和样本量信息

平台名称	用户群	研究样本
小木虫	匿名主测，开放平台，理工农医科青年教师为主	412
微博	匿名主测，开放平台，"80后"，大学教师	325
知乎	实名注册，如实回答，高校青年教师	204

　　其中，"知乎"是一个真实的网络问答社区，用户分享着彼此的专业知识、经验和见解。社区氛围理性，精英信息产生量高。另外，"知乎"擅长整合发散思维，鼓励在问答过程中进行讨论，以拓宽问题的发散性，有助于观察到深度讨论过程，这也是本研究中量化分析样本的主要来源。

　　"参与"和"融入"是通过技术得以获取研究结果的关键。笔者首先熟悉和掌握社交网络的特点；为了真正融入社交网络使用者的交往行为，笔者在线上与线下，均尽量在被研究对象面前真诚地展现自己，使用个人的真实身份与私人微博客账号与受访者展开互动；同时，通过了解微社交网络使用者的生活经历，来解释研究对象日常生活的种种意向与表象，以笔者自身观察来理解高校青年教师的心理世界。

另外，还使用了文本分析法，以"高校教师"为关键词搜索互联网上的文本，使用NVIVO11.0软件对相关的文本进行分析。

（三）资料收集过程的伦理问题

在整个资料收集的过程中，研究者也十分注重研究伦理问题。本研究的对象是高校青年教师，与其他比较敏感的群体相比，该群体比较开放、也比较好打交道。研究者与研究对象有共同的身份，介入访谈相对容易。

但还是应该注意在此过程中存在的伦理问题：一方面是涉及《知情同意书》等事务性和介入之前的准备，时刻遵循自愿原则和隐私保护原则，不强迫研究对象回答他（她）不想回答的问题；另一方面，尊重研究对象，尊重其工作，尊重其时间选择，尊重其意愿，共同协商进度安排等。因此，在整个资料收集的过程中，研究者都尽量以中立的立场来倾听，将自己的价值悬置，不对研究对象的观点做任何评价，避免对其思路的引导。最后，研究者向研究对象承诺对访谈中的录音和记录等资料予以保密，对研究结果所出现的个人信息进行匿名处理，最大限度地保护研究对象的权利。

三、资料整理和分析

资料的整理和分析指的是对所收集的原始资料进行加工，使其逐步趋于系统化和条理化的过程。通过一定的分析手段，我们可以将原始资料"打散""重组"和"浓缩"，然后在新基础上进行整合，其最终的目的是对原始资料进行意义解释。分析的步骤主要有访谈文本的转录、原始资料的整理、阅读原始资料、登录、寻找本土概念和资料的系统化。在资料的分析过程中，严格按照定性研究资料分析的步骤和要求对原始资料进行整理和分析。首先，梳理所有访谈资料的有关内容，对于转录文本冗余或短缺部分进行查证与查漏补缺。其次，反复阅读访谈原始资料中的意义单位或重要陈述，按照不同访谈对象进行分类，寻找其话语内容中反复提到的词句，提炼关键词与核心概念，并进行归纳汇总，合理分析概念之间的关系。最后进行分析、说明和总结。

在整理调研资料的过程中，应遵循研究伦理和便于分析工作的原则。项目组对受访者基本信息进行匿名的保密性处理和重新编码工作。研究中出现的访谈对象均以个案1、个案2、个案3等来表示。同时，对于出现的学校、系部名称，也以甲、乙、丙、丁或A、B、C、D等来代替。

第四章 北京高校青年教师心理特征现状调查

第一节 调查对象与调查过程

一、调查对象

本次调查的总目标为，描述北京高校青年教师的心理特征，分析影响高校青年教师的心理特征发展变化，以及心理健康水平的各种因素；通过参与调查提高青年教师对自身心理问题的关注度，倡导健康生活理念，为研究相关对策和制定政策提供数据支持。

（一）调查工具

调查指标有六个，包括人口学特征、岗位特征自变量指标、认知特征、态度情感特征、需要与动机特征、压力与心理健康状况四个因变量指标。经过预测与修改，最后问卷合成《北京高校青年教师心理特征调查问卷》（见附件）。

（二）调查对象

调查样本来自北京市四所市属本科院校和四所市属高职院校。采用"就便原则"和"志愿原则"进行抽样。"就便原则"是研究者从自己方便获得的资源中进行抽样；"志愿原则"是被研究者因为对研究感兴趣而主动参与调查。这两种抽样方式不够科学，但经常被采用，在样本量足够大的情况下，可在一定程度上弥补科学性不足。

在问卷调查过程中，采用了非概率抽样方法进行抽样。由于研究涉及的群体难以按照标准的概率抽样程序进行抽样，加之研究经费等的限制，基于实际可操作的考虑，在问卷调查中选取了非概率的配额抽样方法。这种方法没有遵循随机原则，无法在数学基础上保证样本的代表性，但其结果仍然可以在一定程度内推论到总结。就本研究而言，它是一个可以接受的抽样方法。配额抽样虽属非概率抽样，但它在方法设计上以代表总体为目的，它针对调查对象的某些属性或特征，将总体中的所有个体分为若干类或若干层，然后在各类（层）中抽样，尽可能保证样本中各类（层）所占比例与它们在总体中所占比例一致。配额抽样假定，只要类型划分细致合理，在各类（层）中选取的样本就可以较准确地反映总体。

本课题的配额抽样具体方案是根据北京市市属院校的性质和青年教师队伍的规模进行配额。第一层配额为市属院校的性质，第二层配额为青年教师群体，主要按照比例进行配额。配额原则一是尽可能保证所抽样本能够在一定程度上代表北京市市属院校青年教师群体之；二是根据各抽样学校青年教师群体的实际情况适当调整配额。

考虑到研究对象的分布及市属院校的不同层次，课题组将市属院校分为"211"重点院校、重点院校、普通本科院校、"三本"院校和高职院校五类，尽可能使抽样样本能够代表北京市市属院校的总体情况。

在确定抽样院校以后，对教师群体进行成比例随机概率抽样，根据所选取样本院校的青年教师数量确定各院校发放的问卷数量，各院校内进行随机抽样。

样本年龄在 20~45 岁（1970—1995 年出生），性别不限。样本职业为高校正式在编人员，包括一线教学人员、行政人员、教辅人员等，不含合同工、临时工、外聘人员及试用期人员。

样本设计大小 600 人，实际参与调查 556 人。

从表 4-1 看出，样本中高职教师有效百分比占 51.9%，本科教师占 48.1%。

表 4-1　所在学校类型构成

		频率	百分比（%）	有效百分比（%）	累积百分比（%）
有效	高职	263	47.3	51.9	52.1
	本科	244	43.9	48.1	100
	合计	507	91.2	100.0	
缺失	系统	49	8.8		
合计		556	100.0		

从表 4-2 可以看出，一线教师和科研人员占调查对象的 64.4%，教辅人员占 10.6%，行政人员占 25.0%。

表 4-2　样本岗位构成

		频率	百分比（%）	有效百分比（%）	累积百分比（%）
有效	一线教师	333	59.9	61.7	61.7
	行政人员	135	24.3	25.0	86.7
	教辅人员	57	10.3	10.6	97.3
	专职科研人员	15	2.7	2.7	100
	合计	540	97.1	100.0	
缺失	系统	16	2.9		
合计		556	100.0		

二、调查过程

调查过程分为以下六个环节。

（1）理论学习、概念界定与指标分解。本环节主要进行查阅资料、理论研讨、指标确定、方案讨论、问卷编制计划制定等工作。

（2）问卷编制。明确并具体化调查目标、编写项目、反复修改、组合问卷。

（3）预测与预测结果分析。问卷基本成型后，在小范围进行了预测，收集预测被试的作答时间、作答感受等信息。对预测结果进行统计分析，删减修改预测被试反映不佳的项目。重复预测、重复修改直至定稿。

（4）正式施测。选择北京市有代表性、又方便介入的4所本科院校、4所高职院校共8所高校，发放问卷600份，回收556份。

（5）调查数据的整理与统计分析。采用SPSS19.0对数据进行输入、整理和统计分析。

（6）撰写调查报告。

第二节 调查结果

一、样本构成

1. 性别构成

图4-1表明，在参与此次调查的高校青年教师中，男教师占38.2%，女教师占61.8%。根据人民教育出版社出版的《中国教育统计年鉴》，在2013年，我国女性高校教师人数比例占46.60%。本调查样本中的女性比例远高于此。

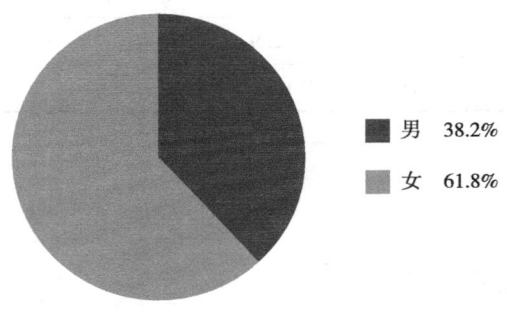

图4-1 性别构成

2. 年龄构成

图 4-2 的数据表明，近 1/3 的被调查者年龄在 31~35 岁，31~40 岁的被调查者占总人数的近 60%。

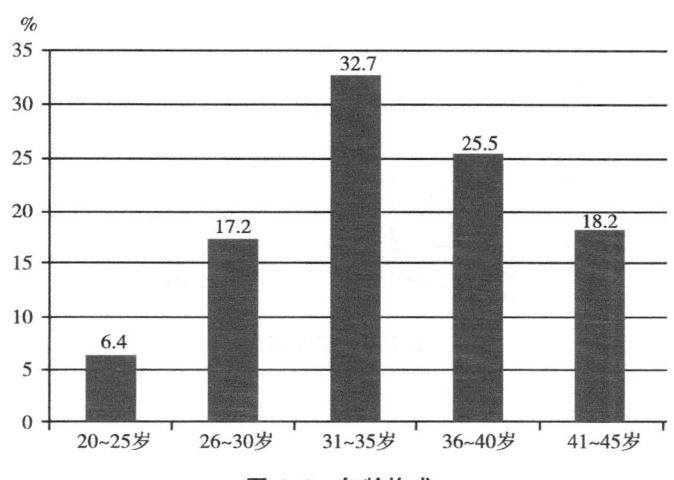

图 4-2　年龄构成

3. 学历构成

图 4-3 数据表明，在调查对象学历中，研究生占绝大多数，达到 76.7%，本科生只占不到 25.0%。

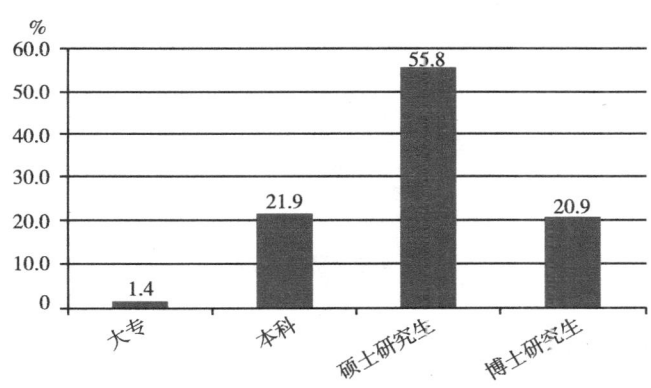

图 4-3　学历构成

4. 学位构成

图 4-4 数据表明，79.8%的高校青年教师持有硕士及硕士以上学位。其中 58.7%获得硕士学位，21.1%获得博士学位。

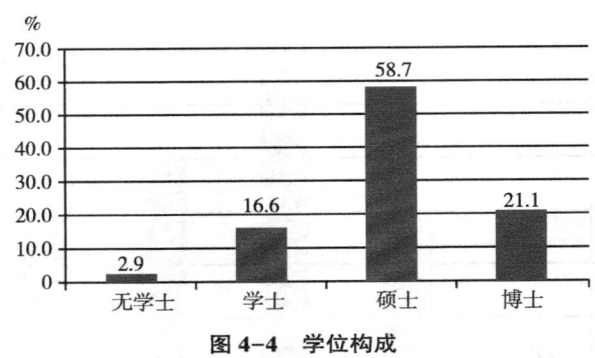

图 4-4　学位构成

5. 留学经历

图 4-5 表明，有调查发现 16.1%的青年教师有留学经历，平均留学年限为 2 年。

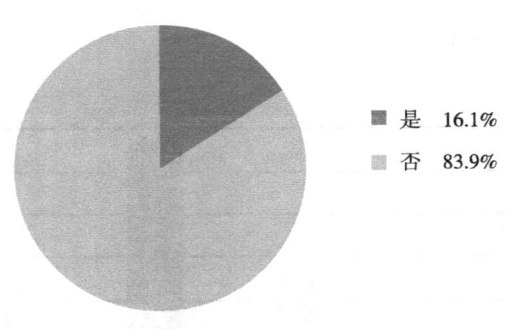

图 4-5　留学情况

6. 参加工作年限

图 4-6 的数据表明，工作年限 6~10 年的在调查人数中占比最高，占到

总数的 27.7%，接下来依次为 11~15 年、2~5 年。这表明高校人员的流动性较低。

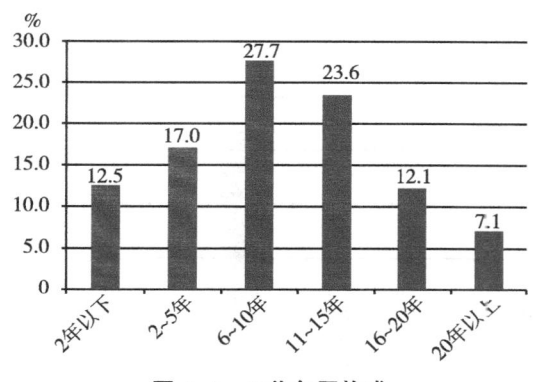

图 4-6 工作年限构成

7. 所从事专业方向

图 4-7 的数据表明，参与调查的青年教师的教育背景最高的为文学，占总人数的 21.2%，接下来依次为管理学 16.9%、工学 16.0%、教育学 13.3%、理学 10.5%、其他 9.6%、经济学 7.7%、法学 4.8%。

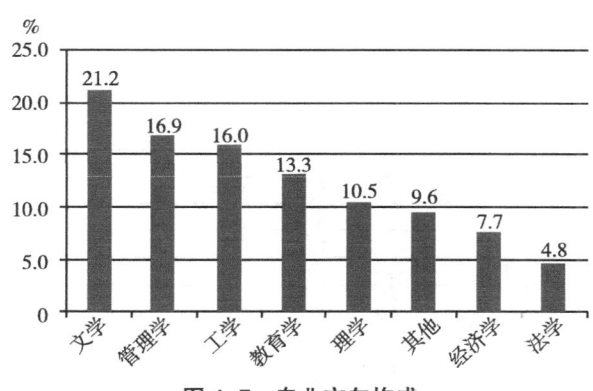

图 4-7 专业方向构成

8. 职称构成

图 4-8 表明，1/3 的青年教师还没有定级或只有初级职称，近一半青年

教师拥有中级职称，拥有高级职称的 45 岁以下教师占比 16.5%，拥有正高职称的只有 0.5%。调查还发现，被试中 3 人已是博士生导师，还有 9% 的被试是硕士生导师。

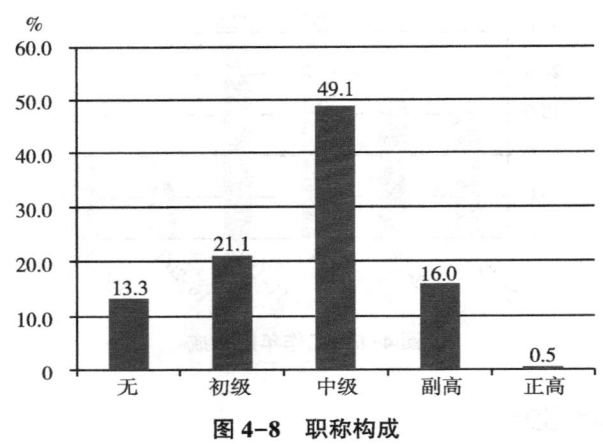

图 4-8 职称构成

9. 年收入情况

图 4-9 表明，被调查 42.5% 的青年教师年收入在 6 万~9 万元，还有 24% 的青年教师年收入在 6 万元以下，只有 6.0% 的教师年收入在 12 万元以上。

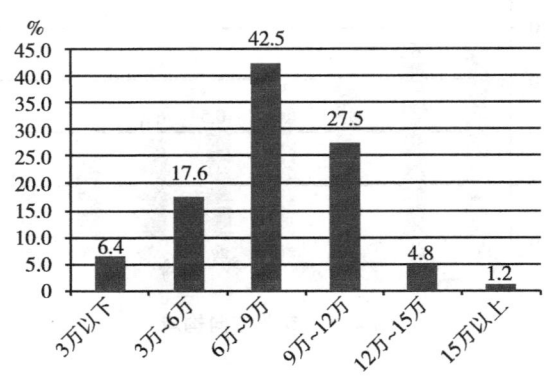

图 4-9 年收入情况构成

10. 婚姻状况

图 4-10 说明，已婚是高校青年教师的主流婚姻模式，占 73.5%，同居和离异的比例很小。

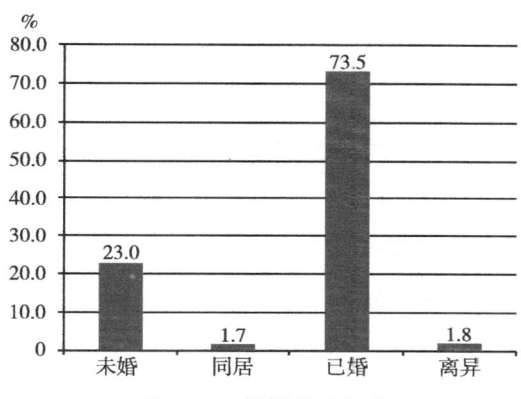

图 4-10　婚姻状况构成

11. 子女养育情况

图 4-11 表明，近六成的青年教师育有独生子女，育有二胎的被试比例非常小。

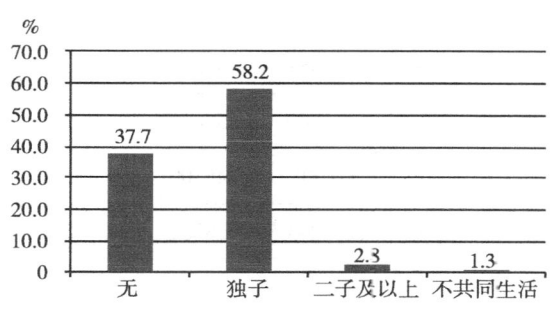

图 4-11　子女养育情况构成

调查还发现，被试中高职教师与本科教师基本各半，高职教师稍多。被试中有 80% 多的青年教师没有担任任何职务，5% 左右的青年教师已经是处级干部。

本部分数据反映出被试样本的基本情况构成，我们假设这些指标也是影响高校青年教师心理状况的主要因素。

二、调查的描述性结果

本调查问卷的第二部分是关于高校青年教师心理特征五个指标的调查，调查结果分别是：

总分：满分 315 分，平均分 229 分，标准差 25.24624 分。
认知特征分：满分 65 分，平均分 45 分，标准差 8.03844 分。
态度情感特征分：满分 60 分，平均分 45 分，标准差 6.80523 分。
需要与动机特征分：满分 65 分，平均分 44 分，标准差 6.26169 分。
压力与心理健康分：满分 125 分，平均分 93 分，标准差 12.76221 分。
其他描述性结果见表 4-3。

表 4-3 总分及分测验得分分布情况

		总分	认知	态度情感	需要与动机	压力与心理健康
N	有效	466	520	537	534	514
	缺失	90	36	19	22	42
均值		228.8219	45.7481	44.8156	44.3427	93.6089
中值		229.0000	45.0000	45.0000	44.0000	93.0000
众数		215.00	43.00[a]	48.00	45.00	92.00
标准差		25.24624	8.03844	6.80523	6.26169	12.76221
极小值		133.00	17.00	23.00	23.00	49.00
极大值		304.00	63.00	60.00	61.00	125.00

注：a. 存在多个众数，显示最小值。

为顺应习惯、方便理解，将上述得分转换成满分为 100 的百分制得分，则总分平均分为 72.6 分，认知分测验平均得分 70.4 分，态度情感分测验平均分为 74.7 分,需要动机分测验平均分为 68.2 分,压力与心理健康分测验平均分为 74.5 分。70 分左右说明被试的心理素质大概在七成的水平上是健康的。

因为使用自编问卷进行调查而没有常模,我们将低于平均数一个标准差的分数视为预警分数。这样一来,总分低于 203 分,认知、态度情感、需要动机分均低于 38 分,压力与心理健康分低于 81 分的被试心理素质可能不佳,工作、生活中可能表现出症状,需要自己、亲人和同事给予关注,总分及分测验预警分值见表 4-4。

表 4-4 总分及分测验预警分值

		总分	认知	态度情感	需要动机	压力与心理健康
N	有效	466	520	537	534	514
	缺失	90	36	19	22	42
均值		228.8219	45.7481	44.8156	44.3427	93.6089
标准差		25.24624	8.03844	6.80523	6.26169	12.76221
预警值		203.00	38.00	38.00	38.00	81.00

本调查问卷的第三部分是关于青年教师职业心态和职业行为的补充调查。表 4-5 表明,关于选择教师职业的原因,33.6% 的被试选择"工作较稳定",31.6% 的被试选择"热爱教师职业",17.3% 的被试认为是"有较多假期",选择因为"能获得成就感"的只有 8.8%,还有 5.8% 的被试选择是因为"人际关系相对简单",1.9% 的被试选择教师职业是因为"没有别的专长"。总之稳定、有假期和对教育行业的热爱是被试选择教师职业的三大主要原因。

表 4-5 选择教师职业的最主要原因

		频率	百分比（%）	有效百分比（%）	累积百分比（%）
有效	热爱教师职业	165	29.7	31.6	31.7
	工作较稳定	175	31.5	33.6	65.3
	有较多假期	90	16.2	17.3	82.5
	能从中获得成就感	46	8.3	8.8	91.4
	人际关系相对简单	30	5.4	5.8	97.1
	没有别的专长	10	1.8	1.9	99.0
	其他	5	0.9	1.0	100.0
	合计	521	93.7	100.0	
缺失	系统	35	6.2		
合计		556	100.0		

由表 4-6 可知，如果再择业还会当教师吗？初心不改、坚持选择的占 21.7%；59.9%的被试觉得自己"可能还会当教师"；说不清楚的有 14.7%；有 3.7%的被试再也不想当教师了！

评估自己的压力水平，15.5%的被试认为自己压力非常大，51.6%的被试认为压力比较大，这两者合计占总人数的 2/3。而认为自己"有一点点压力"的被试占 28.7%。很少有人（4.2%）认为自己无压力。

表 4-6 再择业的选择

		频率	百分比（%）	有效百分比（%）	累积百分比（%）
有效	一定会再当教师	118	21.2	21.7	21.7
	可能还会当教师	326	58.6	59.9	81.6
	坚决不再当教师	20	3.6	3.7	85.3
	说不清楚	80	14.4	14.7	100.0
	合计	544	97.8	100.0	
缺失	系统	12	2.2		
合计		556	100.0		

表 4-7 是关于青年教师压力来源的统计表。那么，压力来源于哪里呢？

65.4%的人选择了"职称评定",位居首位;"经济压力"排在第二位,有48.6%的被试选择它;"自我实现"和"考核与评比"排在第三位和第四位,分别有38.9%和33.8%的被试选择;排在第五位的是"教育对象",有24.5%的被试认为学生给自己带来了压力;第六位和第七位分别是"学历提升"和"人际关系",分别有20.4%和17.0%的被试选择;再接下来就是"家庭关系"和"感情压力",各有5%左右的被试选择。

表4-7 压力来源

压力来源	响应		个案百分比(%)
	N	百分比(%)	
职称评定	350	24.7	65.4
经济压力	260	18.3	48.6
自我实现	208	14.7	38.9
考核与评比	181	12.8	33.8
教育对象	131	9.2	24.5
学历提升	109	7.7	20.4
人际关系	91	6.4	17.0
家庭关系	28	2.0	5.2
感情压力	27	1.9	5.0
教育对象的家长	18	1.3	3.4
自我形象	12	0.8	2.2
其他	3	0.2	0.6
总计	1418	100.0	265.0

怎样缓解压力呢?表4-8的统计表明,高达83.2%的被试选择"做自己喜欢做的事情",看来培养兴趣爱好对缓解压力非常有用;41.5%的被试选择"找人倾诉",还有19.9%的人选择"大吃一顿"。值得注意的是,有6%的被试选择"不采取任何措施",这个比例并不低。而"做专业心理咨询"的只占2.6%。

表 4-8 缓解压力的方法

		响应		个案百分比（%）
		N	百分比（%）	
压力来源	做些自己喜欢做的事情	447	53.9	83.2
	找人倾诉	223	26.9	41.5
	大吃一顿	107	12.9	19.9
	不采取任何措施	32	3.9	6.0
	专业的心理咨询	14	1.7	2.6
	其他	6	0.7	1.1
总计		829	100.0	154.3

在对心理健康知识的了解统计中，"很了解"的不到10%，"不了解"的占20%以上，有70%的被试选择"有些了解"。那么在"感觉自己心理健康吗"的统计中，有78.2%的被试认为自己"非常健康"或"比较健康"，自我感觉心理健康状况不太好的占20%以上。

三、不同属性被试调查结果的差异检验

1. 高校青年教师心理特征的性别差异

从表4-9、表4-10可以看出，女教师在各个指标上的得分均高于男教师；在总分、态度与情感分、压力与心理健康分三个指标上，男女差异非常显著（$p<0.01$）；在认知指标上，男女差异显著（$0.01<p<0.05$）；在需要动机指标上，男教师、女教师则无显著差异（$p>0.05$）。这个结果说明，女教师心理素质整体上优于男教师，她们在态度、情感和体验方面更积极乐观，应对压力的水平更高，心理健康健康状况更好。此结果与已有使用Scl-90的研究结论相反，值得进一步探讨。

第四章　北京高校青年教师心理特征现状调查

表4-9　不同性别被试得分情况

	性别	N	均值	标准差	均值的标准误
总分	男	177	224.5141	26.46205	1.98901
	女	284	231.7887	24.20651	1.43639
认知	男	195	44.8769	7.10853	0.50905
	女	320	46.2969	8.55826	0.47842
情感	男	202	43.8663	7.57628	0.53306
	女	330	45.4606	6.24232	0.34363
需要	男	204	43.8333	6.90696	0.48358
	女	325	44.7200	5.83400	0.32361
压力	男	199	91.3266	13.27102	0.94076
	女	309	95.1812	12.29083	0.69920

表4-10　性别差异 t 检验

		均值方程的 t 检验						
		t	df	Sig.（双侧）	均值差值	标准误差值	差分的95%置信区间	
							下限	上限
总分	假设方差相等	-3.027	459	0.003	-7.27461	2.40324	-11.99733	-2.55188
	假设方差不相等	-2.965	348.497	0.003	-7.27461	2.45344	-12.10003	-2.44919
认知	假设方差相等	-1.944	513	0.052	-1.41995	0.73048	-2.85506	0.01516
	假设方差不相等	-2.033	466.654	0.043	-1.41995	0.69859	-2.79271	-0.04719
情感	假设方差相等	-2.632	530	0.009	-1.59427	0.60562	-2.78398	-0.40456
	假设方差不相等	-2.514	364.323	0.012	-1.59427	0.63422	-2.84147	-0.34707

续表

		t	df	Sig.（双侧）	均值差值	标准误差值	差分的 95% 置信区间	
							下限	上限
需要	假设方差相等	-1.583	527	0.114	-0.88667	0.55998	-1.98674	0.21341
	假设方差不相等	-1.524	378.027	0.128	-0.88667	0.58187	-2.03078	0.25745
压力	假设方差相等	-3.344	506	0.001	-3.85460	1.15282	-6.11950	-1.58969
	假设方差不相等	-3.289	398.914	0.001	-3.85460	1.17214	-6.15894	-1.55026

2. 年龄差异

在表 4-11 对年龄与心理压力总体自评的相关性分析中可以看到，二者相关系数为 0.118，存在一定的正相关，相关性显著（Sig<0.01）。这说明，高校青年教师心理压力可能随着年龄的增长而提升。

表 4-11 年龄与心理压力总体自评的相关分析表

		心理压力总体自评	年龄
心理压力总体自评	Pearson 相关性	1.000	0.118**
	显著性（双侧）		0.006
	N	556	551
年龄	Pearson 相关性	0.118**	1.000
	显著性（双侧）	0.006	
	N	551	551

注：**在 0.01 水平（双侧）上显著相关。

那么到底哪个年龄阶段是最值得关注的呢？通过对不同年龄被试的心理特征的进一步分析，即对因变量的年龄差异进行方差分析，结果如

表 4-12、表 4-13、表 4-14 所示。从表中可以看出，40 岁以上组与其他各年龄段的总分均存在显著差异（$0.01<p<0.05$），在压力与心理健康分上存在非常显著的差异（$p<0.01$）；40 岁以上组与 36~40 岁组在态度与情感分上也存在显著的差异（$0.01<p<0.05$）。此结果说明，40 岁是高校教师心理健康水平急剧下滑的关键期，必须引起注意。其他年龄段之间在其他指标上均没有显著的差异（$p>0.05$）。

表 4-12　不同年龄被试得分情况

		N	均值	标准差	标准误	均值的95%置信区间		极小值	极大值
						下限	上限		
总分	20~25 分	31	233.1290	25.31237	4.54624	223.8444	242.4137	189.00	275.00
	26~30 分	80	230.6875	26.86704	3.00383	224.7085	236.6665	164.00	290.00
	31~35 分	163	229.1963	26.70965	2.09206	225.0651	233.3275	133.00	304.00
	36~40 分	119	230.0252	23.67594	2.17037	225.7273	234.3231	174.00	287.00
	41~45 分	71	221.7183	21.91163	2.60043	216.5319	226.9047	152.00	270.00
	总数	464	228.7845	25.29320	1.17421	226.4770	231.0919	133.00	304.00
认知	20~25 分	34	44.8235	6.58497	1.12931	42.5259	47.1211	34.00	55.00
	26~30 分	87	45.2184	6.51014	0.69796	43.8309	46.6059	28.00	59.00
	31~35 分	175	45.7086	7.71628	0.58330	44.5573	46.8598	17.00	91.00
	36~40 分	131	46.8473	9.18734	0.80270	45.2593	48.4354	32.00	126.00
	41~45 分	91	44.9341	8.64845	0.90660	43.1329	46.7352	26.00	84.00
	总数	518	45.7201	8.03912	0.35322	45.0262	46.4140	17.00	126.00
情感	20~25 分	35	46.1143	6.79867	1.14918	43.7789	48.4497	34.00	57.00
	26~30 分	92	45.4457	6.54379	0.68224	44.0905	46.8008	31.00	60.00
	31~35 分	179	44.1788	7.37681	0.55137	43.0907	45.2668	24.00	73.00
	36~40 分	136	45.6250	6.66882	0.57185	44.4941	46.7559	30.00	69.00
	41~45 分	91	43.7473	5.86628	0.61495	42.5255	44.9690	23.00	59.00
	总数	533	44.8199	6.80235	0.29464	44.2411	45.3987	23.00	73.00

续表

		N	均值	标准差	标准误	均值的95%置信区间		极小值	极大值
						下限	上限		
需要	20~25分	34	44.8824	4.61069	0.79073	43.2736	46.4911	38.00	53.00
	26~30分	94	44.0319	5.27003	0.54356	42.9525	45.1113	28.00	57.00
	31~35分	173	44.6532	7.17926	0.54583	43.5758	45.7306	28.00	96.00
	36~40分	136	44.8382	5.13408	0.44024	43.9676	45.7089	30.00	58.00
	41~45分	93	43.2581	7.33796	0.76091	41.7468	44.7693	23.00	92.00
	总数	530	44.3604	6.27658	0.27264	43.8248	44.8960	23.00	96.00
压力	20~25分	32	96.6875	13.18953	2.33160	91.9322	101.4428	74.00	123.00
	26~30分	89	96.7303	13.13545	1.39236	93.9633	99.4974	66.00	120.00
	31~35分	170	93.9882	13.24462	1.01582	91.9829	95.9936	58.00	133.00
	36~40分	133	93.4211	11.40123	0.98861	91.4655	95.3766	61.00	120.00
	41~45分	86	88.5116	12.16044	1.31129	85.9044	91.1188	49.00	128.00
	总数	510	93.5647	12.79914	0.56676	92.4512	94.6782	49.00	133.00

表4-13 年龄差异方差分析表

		平方和	df	均方	F	显著性
总分	组间	4630.769	4	1157.692	1.822	0.123
	组内	291571.680	459	635.232		
	总数	296202.448	463			
认知	组间	271.931	4	67.983	1.052	0.380
	组内	33140.480	513	64.601		
	总数	33412.411	517			
情感	组间	361.097	4	90.274	1.965	0.099
	组内	24255.612	528	45.939		
	总数	24616.709	532			

续表

		平方和	df	均方	F	显著性
需要	组间	178.296	4	44.574	1.133	0.340
	组内	20661.872	525	39.356		
	总数	20840.168	529			
压力	组间	3433.076	4	858.269	5.421	0.000
	组内	79950.289	505	158.317		
	总数	83383.365	509			

表 4-14 年龄差异的多重比较

因变量	年龄	均值差	标准误	显著性	95%置信区间	
					下限	上限
总分	20~25 岁	-11.41072*	5.42571	0.036	-22.0730	-0.7484
	26~30 岁	-8.96919*	4.10942	0.030	-17.0448	-0.8936
	31~35 岁	-7.47801*	3.58386	0.037	-14.5208	-0.4352
	36~40 岁	-8.30690*	3.77955	0.028	-15.7343	-0.8795
情感	36~40 岁	-1.87775*	0.91794	0.041	-3.6810	-0.0745
压力	20~25 岁	-8.17587*	2.60544	0.002	-13.2947	-3.0570
	26~30 岁	-8.21871*	1.90256	0.000	-11.9566	-4.4808
	31~35 岁	-5.47661*	1.66499	0.002	-8.7478	-2.2055
	36~40 岁	-4.90942*	1.74105	0.005	-8.3300	-1.4888

注：* 均值差的显著性水平为 0.05。

从青年教师的一般成长轨迹来看，年龄越大，往往意味着教龄越长，由于职称评定中对教师的教龄、教育程度等都有明确要求，所以职称可能伴随着年龄、教龄、教育程度等而提高。从统计结果来看，41~45 岁的青年教师中高级职称的比例为 39%，而在 36~40 岁的青年教师中，高级职称的比例为 29.3%，这也从一个侧面反映出这几个因素是相互联系的。

3. 学位差异

在对学位与心理压力总体自评的相关性分析中，可以看到二者相关系数为0.105，存在一定的正相关关系，相关性显著（Sig<0.05），这说明学历、学位较高的青年教师心理压力自评可能较高，见表4-15。

表4-15 学位与心理压力总体自评的相关分析表

		心理压力总体自评	年龄
心理压力总体自评	Pearson 相关性	1	0.105*
	显著性（双侧）		0.014
	N	556	549
学位	Pearson 相关性	0.105*	1
	显著性（双侧）	0.014	
	N	549	549

注：*在0.05水平（双侧）上显著相关。

那么不同学位的青年教师心理特征如何呢？

通过对不同学位被试的心理特征的进一步分析，即对因变量的学位差异进行方差分析，结果如表4-16、表4-17、表4-18。从表中可以看出，博士组与硕士组在总分、态度情感分上存在显著差异（$0.01<p<0.05$）。博士学识渊博、训练充分，其认知分果然与其他组存在显著或非常显著的差异（$p<0.01$）。其他学位组之间在其他指标上均没有显著差异（$p>0.05$）。此结果说明，教育水平对心理健康有一定影响，具有博士学位的高校教师对客观世界的看法更为积极、客观，而与博士一步之遥的硕士教师的心理健康水平则不容乐观。

表 4-16 不同学位被试得分情况

		N	均值	标准差	标准误	均值的95%置信区间		极小值	极大值
						下限	上限		
总分	无学位	14	223.0000	27.02421	7.22252	207.3967	238.6033	189.00	276.00
	学士	72	227.5694	24.83627	2.92698	221.7332	233.4057	164.00	280.00
	硕士	272	227.1176	24.42884	1.48122	224.2015	230.0338	152.00	290.00
	博士	104	234.3462	27.03280	2.65078	229.0889	239.6034	133.00	304.00
	总数	462	228.6905	25.28908	1.17655	226.3784	231.0026	133.00	304.00
认知	无学位	15	44.0667	12.95303	3.34446	36.8935	51.2398	31.00	84.00
	学士	81	44.5802	7.84835	0.87204	42.8448	46.3157	28.00	91.00
	硕士	304	45.1382	7.69728	0.44147	44.2694	46.0069	26.00	126.00
	博士	114	48.5439	7.85391	0.73559	47.0865	50.0012	17.00	82.00
	总数	514	45.7743	8.06357	0.35567	45.0756	46.4731	17.00	126.00
情感	无学位	15	43.7333	7.76868	2.00586	39.4312	48.0355	33.00	59.00
	学士	87	44.7011	6.62819	0.71062	43.2885	46.1138	31.00	60.00
	硕士	314	44.4299	6.64503	0.37500	43.6921	45.1678	23.00	73.00
	博士	116	46.0172	7.26873	0.67488	44.6804	47.3541	24.00	65.00
	总数	532	44.8008	6.82756	0.29601	44.2193	45.3823	23.00	73.00
需要	无学位	16	43.8750	4.25637	1.06409	41.6069	46.1431	36.00	55.00
	学士	88	43.7045	8.14687	0.86846	41.9784	45.4307	23.00	96.00
	硕士	314	44.1752	6.06234	0.34212	43.5020	44.8483	28.00	92.00
	博士	112	45.1964	5.23990	0.49512	44.2153	46.1776	29.00	61.00
	总数	530	44.3038	6.25937	0.27189	43.7697	44.8379	23.00	96.00

续表

		N	均值	标准差	标准误	均值的95%置信区间		极小值	极大值
						下限	上限		
压力	无学位	15	92.9333	11.22158	2.89740	86.7190	99.1476	74.00	112.00
	学士	85	92.4118	12.66444	1.37365	89.6801	95.1434	59.00	118.00
	硕士	299	93.2140	13.12080	0.75880	91.7208	94.7073	49.00	133.00
	博士	108	95.6111	12.11382	1.16565	93.3003	97.9219	63.00	125.00
	总数	507	93.5819	12.79570	0.56828	92.4654	94.6983	49.00	133.00

表 4-17 学位差异方差分析表

		平方和	df	均方	F	显著性
总分	组间	4543.312	3	1514.437	2.389	0.068
	组内	290283.427	458	633.807		
	总数	294826.738	461			
认知	组间	1156.681	3	385.560	6.107	0.000
	组内	32199.140	510	63.136		
	总数	33355.821	513			
情感	组间	232.792	3	77.597	1.671	0.172
	组内	24520.087	528	46.440		
	总数	24752.880	531			
需要	组间	128.979	3	42.993	1.098	0.350
	组内	20597.113	526	39.158		
	总数	20726.092	529			
压力	组间	607.864	3	202.621	1.239	0.295
	组内	82239.489	503	163.498		
	总数	82847.353	506			

表 4-18 学位差异的多重比较

因变量	学位	学位	均值差	标准误	显著性	95%置信区间	
						下限	上限
总分	博士	硕士	7.22851*	2.90249	0.013	1.5247	12.9324
认知	博士	无学位	4.47719*	2.18240	0.041	0.1896	8.7648
		学士	3.96361*	1.15467	0.001	1.6951	6.2321
		硕士	3.40570*	0.87264	0.000	1.6913	5.1201
情感	博士	硕士	1.58731*	0.74043	0.033	0.1328	3.0419

注：*均值差的显著性水平为 0.05。

4. 教龄差异

在对学位与心理压力总体自评的相关性分析中，可以看到，二者相关系数为 0.212，存在一定的正相关关系，相关性显著（Sig<0.01），这说明教龄越长的青年教师心理压力自评可能越高，见表 4-19。

表 4-19 教龄与心理压力总体自评的相关分析表

		心理压力总体自评	年龄
心理压力总体自评	Pearson 相关性	1	0.212**
	显著性（双侧）		0.000
	N	556	542
教龄	Pearson 相关性	0.212**	1
	显著性（双侧）	0.000	
	N	542	542

注：**在 0.01 水平（双侧）上显著相关。

通过对不同教龄被试心理特征的进一步分析（方差分析）表明，不同教龄的被试在总分、压力与心理健康两个指标上均存在着非常显著的差异（$p<0.01$），在态度情感、需要动机两个指标上均存在着显著差异（$0.01<p<0.05$），在认知指标上无显著差异（$p>0.05$）。见表 4-20、表 4-21。

从表4-20、表4-21、表4-22可以看出，教龄两年以下组被试在总分、态度情感、压力与心理健康三个指标上与其他各教龄组存在显著或非常显著的差异，在需要动机上，两年以下组也显著优于教龄16~20年组。这个结果显示，教龄两年以下的新教师心理状态更优，心态积极，动机强烈，心理健康状况佳。教龄11~15年组也表现突出，在总分、需要动机指标上与教龄16~20组、2~5组、6~10组均有显著差异。教龄16~20组心理健康水平最差，压力与心理健康分显著或非常显著地低于其他教龄组。其余各教龄组之间在其他各指标上没有显著差异。

表4-20 不同教龄被试得分情况

		N	均值	标准差	标准误	均值的95%置信区间		极小值	极大值
						下限	上限		
总分	2年以下	61	239.0656	24.33096	3.11526	232.8341	245.2970	182.00	286.00
	2~5年	82	227.9024	27.41839	3.02785	221.8780	233.9269	164.00	304.00
	6~10年	132	227.5152	26.49312	2.30593	222.9535	232.0768	133.00	290.00
	11~15年	115	228.3652	23.96464	2.23471	223.9383	232.7922	181.00	284.00
	16~20年	47	219.7660	21.09421	3.07691	213.5725	225.9595	152.00	260.00
	20年以上	27	231.3704	20.33971	3.91438	223.3243	239.4165	195.00	270.00
	总数	464	228.7522	25.27612	1.17341	226.4463	231.0580	133.00	304.00
认知	2年以下	64	47.0781	6.40760	0.80095	45.4776	48.6787	31.00	58.00
	2~5年	89	44.9101	6.57758	0.69722	43.5245	46.2957	28.00	63.00
	6~10年	145	45.2345	6.87792	0.57118	44.1055	46.3635	17.00	63.00
	11~15年	125	46.6800	10.52846	0.94169	44.8161	48.5439	31.00	126.00
	16~20年	60	44.7500	7.49378	0.96744	42.8142	46.6858	26.00	82.00
	20年以上	35	45.6857	9.12582	1.54255	42.5509	48.8205	31.00	84.00
	总数	518	45.7297	8.04703	0.35357	45.0351	46.4243	17.00	126.00

续表

		N	均值	标准差	标准误	均值的95%置信区间		极小值	极大值
						下限	上限		
情感	2年以下	69	47.3188	6.89308	0.82983	45.6629	48.9747	35.00	73.00
	2~5年	91	45.1648	6.92702	0.72615	43.7222	46.6075	31.00	60.00
	6~10年	149	44.0872	6.86741	0.56260	42.9755	45.1990	24.00	60.00
	11~15年	128	44.4219	6.91069	0.61082	43.2132	45.6306	30.00	69.00
	16~20年	64	43.9219	5.96632	0.74579	42.4315	45.4122	28.00	60.00
	20年以上	34	45.0000	6.44793	1.10581	42.7502	47.2498	23.00	54.00
	总数	535	44.8056	6.81535	0.29465	44.2268	45.3844	23.00	73.00
需要	2年以下	69	45.5652	4.45394	0.53619	44.4953	46.6352	36.00	57.00
	2~5年	91	43.6703	5.84818	0.61306	42.4524	44.8883	28.00	61.00
	6~10年	146	43.8630	5.43758	0.45002	42.9736	44.7525	28.00	58.00
	11~15年	129	45.4574	8.26987	0.72812	44.0167	46.8981	33.00	96.00
	16~20年	60	42.8000	4.74717	0.61286	41.5737	44.0263	34.00	57.00
	20年以上	37	43.9459	6.58258	1.08217	41.7512	46.1407	23.00	60.00
	总数	532	44.3233	6.26538	0.27164	43.7897	44.3569	23.00	96.00
压力	2年以下	66	99.5152	13.27721	1.63431	96.2512	102.7791	58.00	123.00
	2~5年	88	93.7614	12.81073	1.36563	91.0470	96.4757	66.00	125.00
	6~10年	144	94.3264	12.15105	1.01259	92.3248	96.3280	63.00	121.00
	11~15年	123	92.2276	12.71105	1.14612	89.9588	94.4965	61.00	133.00
	16~20年	56	87.4286	11.05006	1.47663	84.4693	90.3878	49.00	111.00
	20年以上	34	93.6176	12.82992	2.20031	89.1411	98.0942	59.00	128.00
	总数	511	93.5910	12.79258	0.56591	92.4792	94.7028	49.00	133.00

表 4-21 教龄差异方差分析表

		平方和	df	均方	F	显著性
总分	组间	10747.188	5	2149.438	3.454	0.004
	组内	285055.310	458	622.392		
	总数	295802.498	463			
认知	组间	382.251	5	76.450	1.183	0.316
	组内	33095.911	512	64.640		
	总数	33478.162	517			
情感	组间	594.576	5	118.915	2.598	0.025
	组内	24209.207	529	45.764		
	总数	24803.783	534			
需要	组间	486.557	5	97.311	2.514	0.029
	组内	20357.834	526	38.703		
	总数	20844.391	531			
压力	组间	4752.016	5	950.403	6.098	0.000
	组内	78709.503	505	155.860		
	总数	83461.519	510			

再进一步进行多重分析，结果见表 4-22。

表 4-22 教龄差异的多重比较

因变量	参加工作年限	参加工作年限	均值差	标准误	显著性	95%置信区间	
						下限	上限
总分	2年以下	2~5年	11.16313*	4.21821	0.008	2.8737	19.4526
		6~10年	11.55042*	3.86241	0.003	3.9602	19.1407
		11~15年	10.70036*	3.95161	0.007	2.9348	18.4659
		16~20年	19.29962*	4.84206	0.000	9.7842	28.8150
	11~15年	16~20年	8.59926*	4.31908	0.047	0.1116	17.0869

续表

因变量	参加工作年限	参加工作年限	均值差	标准误	显著性	95%置信区间	
						下限	上限
情感	2年以下	2~5年	2.15401*	1.07988	0.047	0.0326	4.2754
		6~10年	3.23159*	0.98508	0.001	1.2964	5.1667
		11~15年	2.89697*	1.01034	0.004	0.9122	4.8817
		16~20年	3.39697*	1.17402	0.004	1.0907	5.7033
需要	2年以下	16~20年	2.76522*	1.09816	0.012	0.6079	4.9225
	11~15年	2~5年	1.78703*	0.85166	0.035	0.1140	3.4601
		6~10年	1.59435*	0.75174	0.034	0.1176	3.0711
		16~20年	2.65736*	0.97215	0.006	0.7476	4.5671
压力	2年以下	2~5年	5.75379*	2.03290	0.005	1.7598	9.7478
		6~10年	5.18876*	1.85577	0.005	1.5428	8.8347
		11~15年	7.28751*	1.90491	0.000	3.5450	11.0300
		16~20年	12.08658*	2.26820	0.000	7.6303	16.5429
		20年以上	5.89750*	2.63546	0.026	0.7197	11.0753
	16~20年	2~5年	-6.33279*	2.13410	0.003	-10.5256	-2.1400
		6~10年	-6.89782*	1.96611	0.000	-10.7606	-3.0351
		11~15年	-4.79907*	2.01256	0.017	-8.7531	-0.8451
		20年以上	-6.18908*	2.71429	0.023	-11.5218	-0.8564

注：*均差值的显著水平为0.05。

4. 学校类型差异

表4-23在对所在学校类型与心理压力总体自评的相关性分析中，可以看到，二者相关系数为-0.120，存在一定的负相关关系，相关性显著（Sig<0.01）。这在一定程度上说明高职、三本、二本、一本学校的青年教师心理压力自评存在一定的递减趋势，高职院校青年教师的心理压力自评相对较高。

表 4-23 所在学校类型与心理压力总体自评的相关分析表

		心理压力总体自评	年龄
心理压力总体自评	Pearson 相关性	1	-0.120**
	显著性（双侧）		0.007
	N	556	507
所在学校类型	Pearson 相关性	-0.120**	1
	显著性（双侧）	0.007	
	N	507	507

注：**在0.01水平（双侧）上显著相关。

表4-24通过对不同学校类型被试心理特征的进一步分析，即从表4-24、表4-25可以看出，高职学校青年教师与本科学校青年教师在总分、压力与心理健康两个指标上均存在显著和非常显著的差异，高职学校青年教师心理状态更差，压力更大，心理健康状况更不佳。这两个结果形成了互相的印证。

表 4-24 不同类型学校被试得分情况

	所在学校类型	N	均值	标准差	均值的标准误
总分	高职	221	225.9095	25.23834	1.69771
	本科	209	231.6890	25.77760	1.78307
认知	高职	244	45.3197	9.05563	0.57973
	本科	233	46.2575	6.84765	0.44860
情感	高职	256	44.3789	6.78298	0.42394
	本科	238	45.4748	7.03198	0.45582
需要	高职	256	44.1250	6.69738	0.41859
	本科	235	44.5830	6.18488	0.40346
压力	高职	245	91.8204	12.42223	0.79363
	本科	228	95.3904	13.22630	0.87593

表 4-25 不同类型学校差异 t 检验

		均值方程的 t 检验						
		t	df	Sig.（双侧）	均值差值	标准误差值	差分的 95% 置信区间	
							下限	上限
总分	假设方差相等	-2.349	428	0.019	-5.77949	2.46057	-10.61580	-0.94318
	假设方差不相等	-2.347	425.472	0.019	-5.77949	2.46203	-10.61875	-0.94024
认知	假设方差相等	-1.271	475	0.204	-0.93784	0.73766	-2.38731	0.51164
	假设方差不相等	-1.279	451.558	0.201	-0.93784	0.73303	-2.37841	0.50273
情感	假设方差相等	-1.763	492	0.079	-1.09588	0.62167	-2.31734	0.12557
	假设方差不相等	-1.760	486.219	0.079	-1.09588	0.62249	-2.31898	0.12721
需要	假设方差相等	-0.785	489	0.433	-0.45798	0.58335	-1.60417	0.68821
	假设方差不相等	-0.788	488.981	0.431	-0.45798	0.58137	-1.60027	0.68431
压力	假设方差相等	-3.027	471	0.003	-3.56994	1.17933	-5.88734	-1.25255
	假设方差不相等	-3.020	462.626	0.003	-3.56994	1.18199	-5.89268	-1.24721

5. 岗位差异

从表 4-26、表 4-27 看出，从事不同岗位的高校青年教师在各项指标上的得分没有显著差异（$p>0.05$）。说明岗位对高校教师的心理特征并无明显影响，不同岗位的高校教师对压力等心理感受程度基本相同。

表 4-26 不同岗位被试得分情况

		N	均值	标准差	标准误	均值的95%置信区间		极小值	极大值
						下限	上限		
总分	一线教师	284	229.5352	26.61508	1.57931	226.4265	232.6439	133.00	304.00
	行政人员	112	226.2589	22.70204	2.14514	222.0082	230.5097	164.00	286.00
	教辅人员	47	228.5106	23.91550	3.48843	221.4888	235.5325	187.00	284.00
	专职科研人员	13	233.8462	27.79342	7.70851	217.0508	250.6416	194.00	276.00
	总数	456	228.7478	25.43961	1.19132	226.4066	231.0890	133.00	304.00
认知	一线教师	317	46.3470	8.94636	0.50248	45.3584	47.3356	17.00	126.00
	行政人员	121	45.0000	5.79943	0.52722	43.9561	46.0439	28.00	57.00
	教辅人员	55	45.0182	7.71120	1.03978	42.9336	47.1028	34.00	84.00
	专职科研人员	14	42.8571	6.35921	1.69957	39.1854	46.5288	31.00	54.00
	总数	507	45.7850	8.12350	0.36078	45.0762	46.4938	17.00	126.00
情感	一线教师	326	44.7791	6.90197	0.38226	44.0271	45.5312	23.00	65.00
	行政人员	129	44.4961	5.70516	0.50231	43.5022	45.4900	30.00	59.00
	教辅人员	54	45.0185	6.78091	0.92277	43.1677	46.8694	31.00	60.00
	专职科研人员	14	44.5000	8.90765	2.38067	39.3569	49.6431	28.00	59.00
	总数	523	44.7266	6.65659	0.29107	44.1548	45.2984	23.00	65.00
需要	一线教师	321	44.6698	6.42967	0.35887	43.9637	45.3758	23.00	96.00
	行政人员	131	43.3206	6.49055	0.56708	42.1987	44.4425	28.00	92.00
	教辅人员	54	45.0556	5.08203	0.69158	43.6684	46.4427	36.00	57.00
	专职科研人员	14	44.9286	5.53957	1.48051	41.7301	48.1270	37.00	55.00
	总数	520	44.3769	6.31177	0.27679	43.8332	44.9207	23.00	96.00

续表

		N	均值	标准差	标准误	均值的95%置信区间 下限	均值的95%置信区间 上限	极小值	极大值
压力	一线教师	309	93.2718	13.00639	0.73991	91.8159	94.7278	49.00	128.00
	行政人员	126	93.6111	12.45663	1.10972	91.4148	95.8074	58.00	133.00
	教辅人员	53	94.6226	12.42087	1.70614	91.1990	98.0463	73.00	120.00
	专职科研人员	15	96.8667	14.49072	3.74149	88.8420	104.8914	70.00	121.00
	总数	503	93.6064	12.83593	0.57233	92.4819	94.7308	49.00	133.00

表 4-27 岗位差异方差分析表

		平方和	df	均方	F	显著性
总分	组间	1210.422	3	403.474	0.622	0.601
	组内	293253.576	452	648.791		
	总数	294463.998	455			
认知	组间	327.040	3	109.013	1.658	0.175
	组内	33064.526	503	65.735		
	总数	33391.566	506			
情感	组间	13.073	3	4.358	0.098	0.961
	组内	23116.828	519	44.541		
	总数	23129.901	522			
需要	组间	202.830	3	67.610	1.704	0.165
	组内	20473.293	516	39.677		
	总数	20676.123	519			
压力	组间	248.764	3	82.921	0.502	0.681
	组内	82461.296	499	165.253		
	总数	82710.060	502			

6. 职称差异

对不同职称高校青年教师各指标得分进行方差分析，发现不同职称被试只在压力与心理健康指标上存在显著差异。

表4-28、表4-29、表4-30表明，不同职称教师在压力与心理健康指标上的显著差异来自副高被试与无职称被试和初级职称被试之间的差异，有副高职称的教师心理压力显著高于新教师和年轻教师。

表4-28 不同职称被试得分情况

		N	均值	标准差	标准误	均值的95%置信区间		极小值	极大值
						下限	上限		
总分	无	64	234.3438	25.35915	3.16989	228.0092	240.6783	164.00	290.00
	初级	96	228.1563	25.72295	2.62534	222.9443	233.3682	184.00	304.00
	中级	230	228.1913	25.96299	1.71195	224.8181	231.5645	133.00	300.00
	副高	72	225.9861	21.10236	2.48694	221.0273	230.9449	189.00	276.00
	正高	2	237.5000	51.61880	36.50000	-226.2765	701.2765	201.00	274.00
	总数	464	228.7306	25.23451	1.17148	226.4285	231.0327	133.00	304.00
认知	无	66	45.8030	8.49655	1.04585	43.7143	47.8917	28.00	91.00
	初级	110	44.4364	6.17263	0.58854	43.2699	45.6028	28.00	58.00
	中级	256	45.9961	8.71847	0.54490	44.9230	47.0692	17.00	126.00
	副高	83	46.8554	7.55005	0.82873	45.2068	48.5040	31.00	82.00
	正高	2	40.5000	13.43503	9.50000	-80.2089	161.2089	31.00	50.00
	总数	517	45.7563	8.05087	0.35408	45.0607	46.4519	17.00	126.00
情感	无	73	46.1370	7.38677	0.86456	44.4135	47.8604	31.00	73.00
	初级	113	44.5575	5.93557	0.55837	43.4512	45.6639	30.00	60.00
	中级	264	44.4583	7.10849	0.43750	43.5969	45.3198	23.00	60.00
	副高	83	44.9639	6.16134	0.67629	43.6185	46.3092	36.00	69.00
	正高	2	48.0000	16.97056	12.00000	-104.4745	200.4745	36.00	60.00
	总数	535	44.8000	6.80873	0.29437	44.2217	45.3783	23.00	73.00

续表

		N	均值	标准差	标准误	均值的95%置信区间		极小值	极大值
						下限	上限		
需要	无	72	45.1667	5.57156	0.65661	43.8574	46.4759	28.00	60.00
	初级	112	44.3482	7.86795	0.74345	42.8750	45.8214	28.00	96.00
	中级	261	44.3946	6.11755	0.37867	43.6490	45.1403	23.00	92.00
	副高	85	43.4235	4.70657	0.51050	42.4083	44.4387	33.00	57.00
	正高	2	48.0000	8.48528	6.00000	-28.2372	124.2372	42.00	54.00
	总数	532	44.3477	6.27173	0.27191	43.8136	44.8819	23.00	96.00
压力	无	70	96.6000	13.32036	1.59209	93.4239	99.7761	58.00	123.00
	初级	105	94.2857	12.74582	1.24387	91.8191	96.7523	66.00	125.00
	中级	251	93.3825	12.90694	0.81468	91.7780	94.9870	49.00	133.00
	副高	82	90.5000	11.08580	1.22422	88.0642	92.9358	68.00	128.00
	正高	2	101.0000	12.72792	9.00000	-13.3558	215.3558	92.00	110.00
	总数	510	93.5765	12.73043	0.56371	92.4690	94.6840	49.00	133.00

表4-29 职称差异方差分析表

		平方和	df	均方	F	显著性
总分	组间	2811.163	4	702.791	1.105	0.354
	组内	292018.162	459	636.205		
	总数	294829.325	463			
认知	组间	362.037	4	90.509	1.401	0.232
	组内	33083.255	512	64.616		
	总数	33445.292	516			
情感	组间	190.661	4	47.665	1.028	0.392
	组内	24564.939	530	46.349		
	总数	24755.600	534			

续表

		平方和	df	均方	F	显著性
需要	组间	148.142	4	37.036	0.941	0.440
	组内	20738.525	527	39.352		
	总数	20886.667	531			
压力	组间	1588.506	4	397.127	2.479	0.043
	组内	80902.011	505	160.202		
	总数	82490.518	509			

表 4-30 职称差异的多重比较

因变量	职称		均值差	标准误	显著性	95%置信区间	
						下限	上限
压力	副高	无	-6.10000*	2.05968	0.003	-10.1466	-2.0534
		初级	-3.78571*	1.86532	0.043	-7.4505	-0.1210

注：*均值差的显著水平为 0.05。

在表 4-31 对职称与心理压力的总体自评的相关性分析中，可以看到二者相关系数为 0.194，存在一定的正相关关系，相关性显著（Sig.<0.01）。这在一定程度上说明职称越高，青年教师的心理压力自我感觉就越大。这在一定程度上也验证了前面有副高职称的教师心理压力显著高于新教师和年轻教师的结论。

表 4-31 职称与心理压力总体自评的相关分析表

		心理压力总体自评	年龄
心理压力总体自评	Pearson 相关性	1	0.194**
	显著性（双侧）		0.000
	N	556	550
职称	Pearson 相关性	0.194**	1
	显著性（双侧）	0.000	
	N	550	550

注：**在 0.01 水平（双侧）上显著相关。

7. 专业方向差异

表4-32、表4-33、表4-34显示，教师所从事的专业方向对其心理素质有明显影响，不同专业教师在总分和压力心理健康水平上差异非常显著（$p<0.01$），在认知和需要动机方面差异显著（$0.01<F<0.05$）。文科方向（文学除外）的青年教师普遍表现较好，教育学方向的教师表现尤其突出，而理工方向和文学方向的青年教师心理素质相对较差。

表4-32 不同专业被试得分情况

		N	均值	标准差	标准误	均值的95%置信区间		极小值	极大值
						下限	上限		
总分	文学	88	223.4205	27.37468	2.91815	217.6203	229.2206	133.00	304.00
	理学	52	223.7885	23.87495	3.31086	217.1416	230.4353	190.00	300.00
	工学	74	225.0000	24.00171	2.79014	219.4393	230.5607	182.00	287.00
	经济学	38	232.2105	25.13870	4.07804	223.9476	240.4734	189.00	283.00
	法学	22	229.2727	23.09026	4.92286	219.0351	239.5104	194.00	277.00
	教育学	57	240.8246	25.24531	3.34382	234.1261	247.5230	184.00	280.00
	管理学	75	231.6667	25.32509	2.92429	225.8399	237.4934	174.00	290.00
	其他	47	226.4894	21.01746	3.06571	220.3184	232.6603	192.00	286.00
	总数	453	228.6159	25.27859	1.18769	226.2818	230.9500	133.00	304.00
认知	文学	104	44.0577	7.26453	0.71235	42.6449	45.4705	17.00	63.00
	理学	55	44.5636	6.28862	0.84796	42.8636	46.2637	34.00	63.00
	工学	81	45.6296	5.82547	0.64727	44.3415	46.9177	35.00	57.00
	经济学	40	46.4250	6.84213	1.08184	44.2368	48.6132	33.00	61.00
	法学	22	45.9545	5.71945	1.21939	43.4187	48.4904	34.00	55.00
	教育学	67	46.8060	6.48364	0.79210	45.2245	48.3875	33.00	60.00
	管理学	84	46.0952	6.01328	0.65610	44.7903	47.4002	28.00	59.00
	其他	49	43.6735	6.36850	0.90979	41.8442	45.5027	31.00	57.00
	总数	502	45.3088	6.49199	0.28975	44.7395	45.8780	17.00	63.00

续表

		N	均值	标准差	标准误	均值的95%置信区间		极小值	极大值
						下限	上限		
情感	文学	110	43.9636	6.75648	0.64421	42.6868	45.2404	24.00	60.00
	理学	57	44.0702	5.58653	0.73995	42.5879	45.5525	30.00	60.00
	工学	81	44.3457	5.98782	0.66531	43.0217	45.6697	31.00	60.00
	经济学	41	44.8780	7.68829	1.20071	42.4513	47.3048	30.00	59.00
	法学	25	45.1600	5.19359	1.03872	43.0162	47.3038	37.00	55.00
	教育学	67	46.8358	7.64278	0.93371	44.9716	48.7000	28.00	60.00
	管理学	88	45.0341	6.72181	0.71655	43.6099	46.4583	23.00	60.00
	其他	49	44.0408	6.10314	0.87188	42.2878	45.7938	31.00	59.00
	总数	518	44.7259	6.61355	0.29058	44.1550	45.2967	23.00	60.00
需要	文学	108	43.3056	5.47971	0.52729	42.2603	44.3508	23.00	61.00
	理学	57	42.7895	4.95961	0.65692	41.4735	44.1054	35.00	57.00
	工学	83	43.6265	5.10550	0.56040	42.5117	44.7413	35.00	58.00
	经济学	40	44.7500	5.67834	0.89783	42.9340	46.5660	33.00	57.00
	法学	25	45.5600	4.25323	0.85065	43.8044	47.3156	37.00	57.00
	教育学	65	45.6615	5.15472	0.63936	44.3843	46.9388	32.00	56.00
	管理学	87	44.4713	5.45774	0.58513	43.3081	45.6345	28.00	59.00
	其他	51	43.6667	5.01863	0.70275	42.2552	45.0782	33.00	60.00
	总数	516	44.0504	5.28318	0.23258	43.5935	44.5073	23.00	61.00
压力	文学	102	91.8333	13.61281	1.34787	89.1595	94.5071	49.00	125.00
	理学	54	92.1667	10.86929	1.47912	89.1999	95.1334	73.00	120.00
	工学	80	90.1125	12.61604	1.41052	87.3049	92.9201	61.00	120.00
	经济学	39	94.2308	12.31059	1.97127	90.2401	98.2214	70.00	119.00
	法学	25	92.6800	12.00250	2.40050	87.7256	97.6344	75.00	116.00
	教育学	64	99.3281	11.62107	1.45263	96.4253	102.2310	70.00	121.00
	管理学	82	94.4146	12.59037	1.39037	91.6482	97.1810	66.00	120.00
	其他	49	93.1837	11.79632	1.68519	89.7954	96.5720	68.00	120.00
	总数	495	93.3535	12.59515	0.56611	92.2413	94.4658	49.00	125.00

表4-33 专业差异方差分析表

		平方和	df	均方	F	显著性
总分	组间	14461.713	7	2065.959	3.351	0.002
	组内	274369.453	445	616.561		
	总数	288831.166	452			
认知	组间	593.851	7	84.836	2.042	0.048
	组内	20521.291	494	41.541		
	总数	21115.141	501			
情感	组间	435.418	7	62.203	1.430	0.191
	组内	22177.655	510	43.486		
	总数	22613.073	517			
需要	组间	433.653	7	61.950	2.257	0.029
	组内	13941.037	508	27.443		
	总数	14374.690	515			
压力	组间	3571.755	7	510.251	3.322	0.002
	组内	74795.376	487	153.584		
	总数	78367.131	494			

表4-34 专业差异的多重比较

因变量	所从事专业方向		均值差	标准误	显著性	95%置信区间	
						下限	上限
总分	教育学	文学	17.40411*	4.22176	0.000	9.1071	25.7012
		理学	17.03610*	4.76170	0.000	7.6779	26.3943
		工学	15.82456*	4.37593	0.000	7.2245	24.4246
		管理学	9.15789*	4.36322	0.036	0.5828	17.7330
		其他	14.33520*	4.89236	0.004	4.7202	23.9502

续表

因变量	所从事专业方向		均值差	标准误	显著性	95%置信区间	
						下限	上限
认知	文学	经济学	-2.36731*	1.19915	0.049	-4.7234	-0.0112
		教育学	-2.74828*	1.00968	0.007	-4.7321	-0.7645
		管理学	-2.03755*	0.94550	0.032	-3.8952	-0.1798
情感	教育学	文学	2.87218*	1.02194	0.005	0.8645	4.8799
		理学	2.76565*	1.18825	0.020	0.4312	5.1001
		工学	2.49014*	1.08899	0.023	0.3507	4.6296
		其他	2.79500*	1.23956	0.025	0.3597	5.2303
需要	教育学	文学	2.35598*	0.82238	0.004	0.7403	3.9717
		理学	2.87206*	0.95061	0.003	1.0045	4.7397
		工学	2.03503*	0.86766	0.019	0.3304	3.7397
		其他	1.99487*	0.97995	0.042	0.0696	3.9201
	理学	法学	-2.77053*	1.25665	0.028	-5.2394	-0.3017
压力	教育学	文学	7.49479*	1.97623	0.000	3.6118	11.3778
		理学	7.16146*	2.28996	0.002	2.6620	11.6609
		工学	9.21563*	2.07835	0.000	5.1320	13.2993
		经济学	5.09736*	2.51750	0.043	0.1509	10.0439
		法学	6.64812*	2.92286	0.023	0.9052	12.3911
		管理学	4.91349*	2.06706	0.018	0.8520	8.9749
		其他	6.14445*	2.35247	0.009	1.5222	10.7667
	工学	管理学	-4.30213*	1.94750	0.028	-8.1287	-0.4756

注：*均值差的显著水平为0.05。

8. 婚姻状态差异

我们假设个体婚姻状态会影响心理健康，调查发现个体婚姻状态会明显影响被试的认知水平和态度情感水平。其中，同居者相对于未婚者和已婚者来说，认知、态度情感显著消极，但同居组样本量极小，代表性没有保证，这个结果仅供参考。

表4-35、表4-36、表4-37表明，婚姻状态对被试的认知特征影响显著，对被试的态度与情感特征影响非常显著，同居者在这两方面的表现明显更差。值得注意的是，调查中未发现离异对心理健康水平有明显影响。

表4-35 不同婚姻状态被试得分情况

		N	均值	标准差	标准误	均值的95%置信区间		极小值	极大值
						下限	上限		
总分	未婚	115	228.9652	25.21554	2.35136	224.3072	233.6232	174.00	286.00
	同居	7	206.1429	14.61082	5.52237	192.6301	219.6556	189.00	231.00
	已婚	334	229.4072	25.47428	1.39389	226.6652	232.1491	133.00	304.00
	离异	8	224.3750	16.50920	5.83688	210.5730	238.1770	201.00	250.00
	总数	464	228.8599	25.26934	1.17310	226.5547	231.1652	133.00	304.00
认知	未婚	120	44.8083	6.46295	0.58998	43.6401	45.9766	31.00	59.00
	同居	8	40.7500	3.49489	1.23563	37.8282	43.6718	36.00	46.00
	已婚	379	45.6966	6.34629	0.32599	45.0556	46.3375	17.00	63.00
	离异	10	41.3000	8.19282	2.59080	35.4392	47.1608	28.00	54.00
	总数	517	45.3288	6.42459	0.28255	44.7737	45.3839	17.00	63.00
情感	未婚	126	45.1905	6.20930	0.55317	44.0957	46.2853	32.00	60.00
	同居	9	37.5556	6.63534	2.21178	32.4552	42.5559	30.00	48.00
	已婚	390	44.8513	6.63816	0.33614	44.1904	45.5122	23.00	60.00
	离异	9	42.3333	6.36396	2.12132	37.4416	47.2251	35.00	53.00
	总数	534	44.7659	6.59520	0.28540	44.2053	45.3266	23.00	60.00
需要	未婚	125	44.1040	4.97384	0.44487	43.2235	44.9845	30.00	57.00
	同居	8	40.7500	4.23421	1.49702	37.2101	44.2899	36.00	50.00
	已婚	389	44.2108	5.34354	0.27093	43.6781	44.7435	23.00	61.00
	离异	10	42.0000	6.01849	1.90321	37.6946	46.3054	28.00	49.00
	总数	532	44.0921	5.26805	0.22840	43.6434	44.5408	23.00	61.00

续表

		N	均值	标准差	标准误	均值的95%置信区间		极小值	极大值
						下限	上限		
压力	未婚	122	95.1885	13.09238	1.18533	92.8419	97.5352	58.00	123.00
	同居	9	89.6667	8.42615	2.80872	83.1898	96.1436	78.00	102.00
	已婚	370	92.9703	12.55499	0.65270	91.6868	94.2538	49.00	125.00
	离异	9	93.1111	8.49183	2.83061	86.5837	99.6385	84.00	108.00
	总数	510	93.4451	12.58636	0.55733	92.3501	94.5401	49.00	125.00

表4-36 婚姻状态差异方差分析表

		平方和	df	均方	F	显著性
总分	组间	3874.679	3	1291.560	2.036	0.108
	组内	291769.216	460	634.281		
	总数	295643.894	463			
认知	组间	413.803	3	137.934	3.388	0.018
	组内	20884.297	513	40.710		
	总数	21298.101	516			
情感	组间	546.715	3	182.238	4.267	0.005
	组内	22637.025	530	42.711		
	总数	23183.740	533			
需要	组间	138.624	3	46.208	1.671	0.172
	组内	14597.863	528	27.647		
	总数	14736.487	531			
压力	组间	583.737	3	194.579	1.230	0.298
	组内	80050.226	506	158.202		
	总数	80633.963	509			

表 4-37　婚姻状态差异的多重比较

因变量	婚姻状况	婚姻状况	均值差	标准误	显著性	95%置信区间	
						下限	上限
总分	同居	未婚	-22.82236*	9.80444	0.020	-42.0894	-3.5553
		已婚	-23.26433*	9.61824	0.016	-42.1655	-4.3632
认知	同居	已婚	-4.94657*	2.27951	0.030	-9.4249	-0.4682
	离异	已婚	-4.39657*	2.04412	0.032	-8.4124	-0.3807
情感	同居	未婚	-7.63492*	2.25492	0.002	-12.0646	-3.2052
		已婚	-7.29573*	2.20346	0.002	-11.6243	-2.9671

注：*均值差的显著水平为 0.05。

9. 子女情况差异

表 4-38、表 4-39 显示，有两位不与自己生活在一起的子女的被试心理压力最小。这似乎与常理不符。可能因为这样的被试只有两个，不具有统计价值。调查发现，有无子女，是否有二胎，对被试的心理特征并无明显影响。

表 4-38　子女情况不同被试得分情况

		N	均值	标准差	标准误	均值的95%置信区间		极小值	极大值
						下限	上限		
总分	无	183	228.7104	26.04114	1.92502	224.9122	232.5086	152.00	300.00
	一位	263	228.7833	24.78724	1.52845	225.7737	231.7929	133.00	304.00
	两位	13	234.0769	24.77048	6.87010	219.1083	249.0456	201.00	283.00
	一位不共同生活	4	216.5000	10.34408	5.17204	200.0403	232.9597	211.00	232.00
	两位及以上不共同生活	2	252.5000	30.40559	21.50000	-20.6834	525.5834	231.00	274.00
	总数	465	228.8989	25.21854	1.16948	226.6008	231.1971	133.00	304.00

续表

		N	均值	标准差	标准误	均值的95%置信区间		极小值	极大值
						下限	上限		
认知	无	200	44.7250	6.64304	0.46973	43.7987	45.6513	26.00	63.00
	一位	298	45.6644	6.30761	0.36539	44.9453	46.3835	17.00	63.00
	两位	14	45.7857	6.07870	1.62460	42.2760	49.2954	31.00	56.00
	一位不共同生活	4	47.5000	5.44671	2.72336	38.8331	56.1669	42.00	55.00
	两位及以上不共同生活	2	46.0000	5.65685	4.00000	-4.8248	96.8248	42.00	50.00
	总数	518	45.3205	6.42300	0.28221	44.7660	45.8749	17.00	63.00
情感	无	205	44.9805	6.46177	0.45131	44.0907	45.8703	30.00	60.00
	一位	308	44.7078	6.62826	0.37768	43.9646	45.4510	23.00	60.00
	两位	15	43.6667	6.59726	1.70340	40.0132	47.3201	35.00	56.00
	一位不共同生活	5	41.4000	8.11172	3.62767	31.3280	51.4720	34.00	52.00
	两位及以上不共同生活	2	50.0000	14.14214	10.00000	-77.0620	177.0620	40.00	60.00
	总数	535	44.7720	6.59392	0.28508	44.2119	45.3320	23.00	60.00
需要	无	203	43.8916	5.06962	0.35582	43.1900	44.5932	28.00	57.00
	一位	309	44.1942	5.43866	0.30939	43.5854	44.8030	23.00	61.00
	两位	14	44.6429	3.97312	1.06186	42.3488	46.9369	36.00	52.00
	一位不共同生活	5	40.8000	2.77489	1.24097	37.3545	44.2455	37.00	44.00
	两位及以上不共同生活	2	52.0000	2.82843	2.00000	26.5876	77.4124	50.00	54.00
	总数	533	44.0882	5.26387	0.22800	43.6403	44.5361	23.00	61.00

续表

		N	均值	标准差	标准误	均值的95%置信区间		极小值	极大值
						下限	上限		
压力	无	196	95.1888	13.10471	0.93605	93.3427	97.0349	49.00	123.00
	一位	294	92.3776	12.16596	0.70953	90.9811	93.7740	58.00	125.00
	两位	14	94.6429	11.44624	3.05914	88.0340	101.2517	79.00	119.00
	一位不共同生活	5	84.6000	6.18870	2.76767	76.9157	92.2843	75.00	92.00
	两位及以上不共同生活	2	104.5000	7.77817	5.50000	34.6159	174.3841	99.00	110.00
	总数	511	93.4892	12.55245	0.55529	92.3983	94.5802	49.00	125.00

表 4-39 子女情况差异方差分析表

		平方和	df	均方	F	显著性
总分	组间	2087.530	4	521.882	0.819	0.513
	组内	293004.720	460	636.967		
	总数	295092.249	464			
认知	组间	129.128	4	32.282	0.781	0.538
	组内	21199.675	513	41.325		
	总数	21328.803	517			
情感	组间	140.023	4	35.006	0.804	0.523
	组内	23078.157	530	43.544		
	总数	23218.179	534			
需要	组间	194.876	4	48.719	1.768	0.134
	组内	14545.980	528	27.549		
	总数	14740.856	532			

续表

		平方和	df	均方	F	显著性
压力	组间	1585.669	4	396.417	2.546	0.039
	组内	78772.021	506	155.676		
	总数	80357.691	510			

10. 年收入差异

我们假设经济压力是青年教师的压力源之一，但通过调查却未发现收入差异对各调查指标有明显影响，见表4-40。

表4-40 年收入差异方差分析表

		平方和	df	均方	F	显著性
总分	组间	2965.579	6	494.263	0.772	0.592
	组内	289301.720	452	640.048		
	总数	292267.298	458			
认知	组间	333.175	6	55.529	1.331	0.241
	组内	21104.163	506	41.708		
	总数	21437.337	512			
情感	组间	411.381	7	58.769	1.344	0.227
	组内	22821.487	522	43.719		
	总数	23232.868	529			
需要	组间	344.145	7	49.164	1.815	0.082
	组内	14054.937	519	27.081		
	总数	14399.082	526			
压力	组间	902.170	7	128.881	0.815	0.575
	组内	78758.178	498	158.149		
	总数	79660.348	505			

四、调查结论

综合以上调查结果,我们得出以下结论。

(1) 本次调查所使用的自编调查问卷由三个部分构成,调查问卷的理论构思明确、项目编排合理。计分项目平均难度为 0.676,难度适中,有利于被试做出差异化选择;94% 的计分项目区分度高,项目质量优异。本问卷信度达 0.86,信度较高,结构效度好,因此本次调查结果可信、有效。

(2) 大多数青年教师对教师的职业态度坚定并且积极。其中"稳定"和"有假期""对教育行业热爱"是被试选择教师职业的三大主要原因。21.2% 的被试职业态度坚定积极;59.9% 的被试觉得自己"可能还会当教师"。

(3) 从总体上看,青年教师对心理健康有一定的了解和认知,并认为自己的心理健康状况比较好。

被试对教师心理健康的普遍认知为"对教师角色认同、热爱教育工作、勤于教学工作",这一选项在男性、女性中均占比最高。男性认知中排第二位的是"个体社会生活适应良好、身体健康、人格完善",第三位的是"自己的才能在教育工作中表现出来并由此获得成就感和满足感"。而女性认知中排第二位的是"正确了解自己、体验自我和控制自我,平衡自我与现实、理想的关系",排第三位的是"个体社会生活适应良好、身体健康、人格完善",在这一点上与男性略有不同。

基于这样的认识,70% 的被试选择了对心理健康知识"有些了解";被试中有 78.2% 认为自己"非常健康"或"比较健康"。

(4) 总体上看,青年教师感到压力较大,但是能够选择适合自己的方式来缓解自己的压力。超过 65% 的被试认为自己压力"非常大"或"比较大",而职称评定(65.4%)、经济压力(48.6%)、自我实现(38.9%)高居压力来源的前三位。为了缓解压力，高达83.2%的人选择了"做自己喜欢做的事情"，而41.5%的人选择"找人倾诉"。

（5）本次调查计分部分满分315分，被试者平均得分228.8219，得分率72.6%，认知分测验平均得分率70.4%，态度情感分测验平均得分率74.7%，需要动机分测验平均得分率68.2%，压力与心理健康分测验平均得分率74.5%。因为自编问卷没有常模，我们将低于平均数一个标准差的分数视为预警分数，这样，总分低于203分，认知、态度情感、需要动机分均低于38分，压力与心理健康分低于80分的被试心理素质可能不佳，工作、生活中可能表现出症状，需要教师本人、亲人和同事给予关注。

（6）性别、年龄、教龄、所从事的专业方向、婚姻状况均对青年教师的心理特征具有显著影响。

被试中，女教师占比达61.8%，且女教师在总分、态度与情感分、压力与心理健康分三个指标上，均非常显著地优于男教师，女教师心理素质整体上好于男教师，在态度、情感、体验方面更为积极乐观，应对压力的水平更高，心理健康状况更好。

在不同年龄的被试中，40岁以上组与其他各年龄段的总分均存在显著差异（$0.01<p<0.05$），压力与心理健康分别存在非常显著的差异（$p<0.01$）；40岁以上组与36~40组在态度与情感分上，也存在显著差异（$0.01<p<0.05$）。这说明40岁是高校教师心理健康水平急剧下滑的关键期，应该引起注意。

教龄2年以下组被试心理状态较好，在总分、态度情感、压力与心理健康三个指标上与其他各教龄组均存在显著或非常显著的差异；在需要动机上，2年以下组也显著优于教龄16~20年组；这个结果显示，教龄2年以下的新教师心理状态更优，心态积极，动机强烈，心理健康状况佳。教龄11~15年组也表现突出，在总分、需要动机指标上与教龄16~20年组、2~5年组、6~10年组均有显著差异。教龄16~20年组心理健康水平最差，压力与心理健康分显著或非常显著地低于其他教龄组。

不同专业教师在总分和压力与心理健康水平上的差异非常显著，在认知和需要动机方面差异显著。文科方向（文学除外）青年教师普遍心理状态更佳，教育学方向的教师表现尤其突出，而理工方向和文学方向的青年教师的心理素质相对较差。

婚姻状态会非常显著地影响被试的认知水平和态度情感水平，同居者相对于未婚和已婚者，他（她）们的认知和态度情感显著消极。但同居组样本量极小，代表性没有保证，这个结果仅供参考。值得注意的是，调查中未发现离异对被试心理健康水平有明显影响。

（7）学历学位、所在学校类型、职称对被试心理特征有一定的影响。

博士学位的高校教师对客观世界的看法更为积极客观，而具有硕士学位的教师心理健康水平则不容乐观。

高职青年教师与本科青年教师在总分、压力与心理健康两个指标上存在显著和非常显著的差异，高职教师心理状态更差，压力更大，心理健康状况也更差。

副高职称的高校青年教师心理压力最大，其压力与心理健康指标分显著低于无职称和具有初级职称的被试，有副高职称的高校青年教师的心理压力显著高于新教师和年轻教师，其心理健康水平比年轻人差。

（8）所在岗位、所担任职务、收入情况、子女养育情况对被试心理特征没有显著影响。

第三节　关于调查结果的讨论

一、高校青年教师的心理发展特点及可能出现的问题

20~45岁的成年时期是人一生心理发展的成熟高峰期。按照埃里克森

心理发展八阶段理论，此阶段处于成年早期（18~25岁）的后半段和成年期（25~65岁）的前半段。按发展心理学的一般年龄阶段划分法，这一阶段被称为"成年早期"。成年早期在人的一生发展中具有特殊的意义，经过青春期的人格整合和后续求学时期的人格沉淀以后，成年早期好像是人的第二次诞生。个体在这一时期生理达到全盛期，体力好、精力旺盛、工作能力强、效率高，知识经验和智力水平都处在高峰期；而心态则相对平静，人生观、价值观均逐渐稳定成熟，经济独立，人际关系、亲密关系发展快速，开始婚姻家庭生活，获得成就感和自我实现。

在认知发展方面，成年早期处于后形式思维阶段，这是形式运算阶段之后的一个更高阶段。在这一时期，个体从以形式逻辑思维为主向以辩证逻辑思维为主转化。在成年早期的后阶段，创造性思维获得重要发展，研究表明，科学家、发明家创造性思维的最佳年龄为25~45岁，而在高校青年教师中，就存在大量未来学术的"领军人物"。

在自我意识和人格发展方面，成年早期自我同一性确立，人生观形成并稳固。他们更关注生活的意义、人生的价值，对人生态度、生活方式进行了深入的思考和探索，逐渐确立了明确的价值观。

在社会关系发展方面，成年早期是亲密关系发展的重要时期。在成年早期，异性之间开始产生真正的爱情，进入恋爱状态。之后，个体开始结婚，组建家庭，过法定的婚姻生活，适应婚后性生活，适应新的人际关系，适应新的家庭生活，包括家庭经济安排、生儿育女等。一般情况下，婚姻是个人幸福的重要源泉。

成年早期是人的一生发展的顶峰时期，但同时也是个人负担沉重、需要承担重要社会责任的时期。如果应对压力的方式不当，成年早期也会产生这一阶段所独有的心理困扰。

1. 对未来心怀恐惧

对成年后期缺乏了解和缺乏准备的成人，会使自己在成年早期增加许多恐惧。女性恐惧生殖能力与美貌的丧失，害怕失去为人母及为人妻的机会而在空虚的家中受寂寞与忧伤的折磨，也害怕经济不独立而不得不依附别人。男人则害怕事业失败，害怕不能养家糊口，也害怕自身对异性失去吸引力。对他们而言，成年早期就意味着身体及性机能从顶峰开始衰退，老之将至。对成年后期有所了解和有所准备的成人，通常采取两种态度：一是主张保持年轻活跃；二是主张从容地面对年龄的增长，舒适地享受生活。

2. 对成年早期的过渡性不适应

成年期的个体，脱离了青年晚期而进入另一个人生阶段，具有新的生理和行为特质。这些新的改变使个体必须修正年轻时的行为模式，学习新的行为模式及扮演新的角色，他们得有与前不同的想法和做法，并且连带牵涉许多情绪问题。一般适应角色的变化比适应生理的变化难。为适应新角色必须具有弹性，即要有意识地破除旧习惯并学习新活动。如果以往在某一角色上有过较大的成就，则往往会使适应新角色更为困难。例如，学生时代非常成功的"学霸"不一定就能很快地成为一名成功的高校教师。

3. 紧张和焦虑

个体在成年早期面临着生理上的一系列变化和社会角色的变化。生理上的变化包括外表体态及生理功能等各方面的改变；社会角色的变化包括家庭角色和社会工作角色两个方面。在家庭中，随着孩子的出生和年龄的增长，父母的权威地位日益降低，在成年早期的后半段，往往要面对孩子的青春期。在社会生活中，由于大多数父母要承担较为繁忙的工作，在没有充分的精神准备的情况下，常会感到一种很沉重的压力。因此，他们的心理常常会被紧张和焦虑所笼罩。

我们的调查中，按百分制计算，被试认知分测验平均得分70.4，态度情感分测验平均得分74.7，需要动机分测验平均得分68.2，压力与心理健康分测验平均得分 74.5。这一统计结果反映出被试的心理发展水平只达到"中"和"及格"的水平，离"优良"尚有差距，存在的发展问题较多。

二、本次调查结果与以往研究结果的分析比较

关于高校青年教师的心理特征问题，以往研究所采用的研究工具主要是 SCL-90 和自编问卷，得出的结论主要有：高校教师心理健康水平整体上差于全国成年人常模；女教师的心理健康水平差于男教师；初级职称教师的心理健康水平优于副高职称的教师；教龄、婚姻状况、子女养育情况对教师心理健康水平有明显影响。

本次调查使用的是自编问卷，无法与全国普通人群作比较，但 72.6% 的得分率反映出北京高校青年教师的心理状态确实不太乐观。我们将低于平均数一个标准差的分数（百分等级约为 16%）视为预警分数。这样一来，总分低于 203 分，认知、态度情感、需要动机分均低于 38 分，压力与心理健康分低于 80 分的被试心理素质可能尤其不佳，工作、生活中可能已表现出一些症状，需要教师本人、亲人和同事给予关注。在补充信息调查中，自我感觉心理健康状况不太好的被试占 20.8%，与 16% 比较接近。据统计，我国心理障碍发病率已达到 17.5%，天津高校学生调查资料表明，16% 以上的大学生存在不同程度的心理障碍（神经症和情感危机）。1989 年全国 126 万名大学生的抽样调查表明，我国大学生心理疾病患病率达 20.23%。由此可见，本调查中被试的心理健康水平虽得分不高，但与全国民众、与大学生群体水平相当，差异并不明显。

关于性别对被试心理特征的影响，在以往研究中，多数认为女教师的心理健康水平低于男教师，但我们的调查却得出了相反的结论。我们的被试中，女教师占比达 61.8%，远高于我国高校教师中女教师 45.96% 的比例，且女教师在总分、态度与情感分、压力与心理健康分三个指标上，非常显著地优于男教师。女教师的心理素质在整体上要好于男教师。她们在态度、情感和体验方面更积极乐观，应对压力的水平更高，心理健康状况

更好。在认知特征上,男、女教师差异不明显。此外,在第三部分的调查结果中,我们也发现,不同性别的被试在对心理健康的认识、选择教师职业的原因、作为青年教师的主观感受、压力来源、舒缓压力的方式、了解心理健康方面的知识、自认为心理健康状况如何等方面的情况,没有显著的差异。性别会影响心理素质,这一点我们的研究与以往研究一致;但调查结果的前后差异性和影响的反向性,值得进一步分析。首先,它可能与地区差异有关。北京作为全国的一线城市在男女平权的观念上和实践上都走在全国前列,良好的性别平权大环境可以改善女性的心理状态。其次,与抽样偏差有关。我们调查的六所北京市市属高校有五所是以文科为主的高校,被试中专业为理工类的只占26.5%。众所周知,理工类院校和理工类学科中的男教师数量会更多一些,因此我们调查样本中的男性被试可能并不能很好地代表北京高校青年男教师的真实情况。最后,被试在填答问卷中,某些题目上填写的偏向社会认可的角度选项,而非实际感受的选项的填答也可能造成这样的结果。

关于年龄对被试心理特征的影响,以往研究并未见此变量。我们的调查发现,40岁以上组在心理特征的多个指标上与多个年龄组存在显著和非常显著的差异,是所有年龄组被试中表现最不好的一个组。这说明,40岁的高校教师处于理健康水平急剧下滑的关键期,必须引起注意。根据心理发展的一般规律,40岁已接近成年中期(中年),成年早期的蓬勃生机逐渐衰落;但作为高校教师,40岁却是一个远没有达到功成名就,必须继续拼搏但所剩时间又不多的尴尬时期。40岁可能是许多人生活上和事业上的"瓶颈期",但同时,40岁又是一个最少得到关注和关心的时期,那么人在40岁时心理状态差一些也就不难理解了。

教龄对被试心理特征的影响与以往研究一致。心理状态最优的是教龄2年以下组,他们在总分、态度情感、压力与心理健康三个指标上均与其他各教龄组存在显著或非常显著的差异;在需要动机上,教龄2年以下的新教师也显著优于教龄16~20年的中年教师;教龄16~20年组的心理健康水平最差，压力与心理健康分显著或非常显著地低于其他教龄组，这与前述年龄40岁以上组的情况重合。这个结果显示，教龄2年以下的新教师心态更加积极热情，动机强烈，心理健康状况佳。教龄2年以内的新教师对未来充满期待，更有理想、抱负，想要给自己一生的事业开个好头的动机还十分强烈，热情、好奇、投入是他们这一时期的典型生活态度。

职称是高校教师特别关注，也是对教师心理特征影响相当大的一个变量。在关于压力源的补充调查中，选择"职称评定"的比例最高，排在第一位。与以往研究完全一致的是，本次调查也发现，职称对被试心理特征有明显的影响。副高职称心理压力最大，其压力与心理健康指标分显著低于无职称和初级职称被试，有副高职称的教师心理压力显著高于新教师和年轻教师，其心理健康水平比年轻人差。这与上述教龄和年龄的影响完全一致。高校中心理状态最不好的是40岁以上、教龄16年以上的、职称为副教授的教师。而教龄短、无职称或初级职称的年轻教师则心理健康水平良好。

与以往研究不同的是，我们没有发现婚姻家庭情况、子女养育情况对被试心理特征有显著影响。

在补充调查中，有2/3的被试认为，自己压力非常大和比较大，压力源排序从高到低为：①职称评定；②经济压力；③自我实现；④考核与评比；⑤教育对象；⑥学历提升；⑦人际关系；⑧家庭关系和感情压力。职称评定、经济压力、自我实现、考核评比和学历提升，这些都属于个人发展方面。由此看来，功成名就是高校青年教师的主要追求目标，追求被社会认可的成功也是高校青年教师的主要压力源。教育对象、人际关系、家庭关系和感情压力都属于社会关系方面，它们在压力源排名中较为靠后。

调查发现，只有2.6%的被试遇有心理困扰时愿意找心理咨询师倾诉，他们更愿意通过转移（做自己喜欢做的事情83.2%）和宣泄（找人倾诉41.5%，大吃一顿20%）来缓解压力。目前，高校设立的心理咨询中心主要服务于学生，学校心理咨询中心的咨询师与高校青年教师是同事关系，这在一定程度上阻碍了普通教师在遇到困扰时向学校的咨询中心求助。

三、调查结果启示

高校青年教师是一个特别的群体，他们接受了很长时间的教育，获得了很高的学位；他们在学生时代是傲人的成功者；他们思维深刻、富有才华。在个人成长方面，高校教师是人群中的佼佼者。

同时，高校教师也是被社会赋予了许多期待的一个群体。人们要求高校教师为人师表、教书育人、著书立说、引领时代、为民发声。有形的考核压力和无形的道德压力，会让本来自我感觉良好的"青椒"们茫然和自卑，心理问题便由此产生。

对高校管理者而言，青年教师承担着大量的一线教学工作，与学生接触密切，是学校声誉和社会影响力的主要缔造者和维护者。青年教师的职业投入程度和职业忠诚度，也影响学校的未来。根据我们的调查结果，管理者可以着重考虑以下三个问题。

（1）关心并保护新入职员工的理想和热情。调查发现，教龄2年以内，无职称或具有初级职称的新教师的各项心理特征指标都明显优于其他教师，这种宝贵的积极心态值得珍惜和爱护。

（2）关注并支持正在努力爬坡，但已心生疲惫的40岁以上的员工。这个年龄段是社会对其要求最高而个体能获得的支持最少的时期，如果他们能得到足够的支援，这其实也是一个可能获得一生最高成就的时期。

（3）强化教师职业的吸引力。通过调查发现，"稳定""有假期""对教育行业热爱"是被试选择教师职业的三大主要原因。先抛开"对教育行业热爱"这个主观原因，为吸引并留住真正的人才，"稳定""有假期"这两个客观原因还是值得被强化的。教师职业是一个准入门槛特别高的职业，但入职后的经济回报却并不太高。教师这个职业之所以还有一定吸引力，除了从业者的情怀，就是非经济的"稳定"和"有假期"了。

对高校青年教师个人而言，本次调查结果可以有这样三点启示。

（1）关注自己的心理状况，得分较低的个体检查一下自己的生活，必要时及时求助，不要将心理问题积攒起来、积压在心里。

（2）重构自己的价值观，规划好自己的生活，调整好不同年龄段的发展目标。特别是40岁以上的"青年"教师，更要了解自己的真正兴趣，把握好生活节奏，让人生再上一个新高度。

（3）应学习压力管理与心境管理技巧，不使自己长期处于消极情绪中，通过重构认知、调整目标、重构行为习惯、合理宣泄等途径，建设性地释放压力，尽可能使自己处于主动、理性、可自控的状态。

第五章 高校青年教师心理特征案例研究
——基于线下访谈与社交网数据

第一节 高校青年教师的基本心理特征分析
——游离的精英部落

要理解一个人群的基本特征，需要观察和分析其历史和现在。本研究对高校青年教师基本心理特征的探索也从这两个方面进行：从群体早期成长分析其过去（含成长背景和学习经历）；从群体属性、职业属性和职业生态分析其现状。

一、成长背景：出生在1980年以后的市场经济第一代

1980年后的中国，社会重经济发展，文化遇网络而多元，家庭因独生子女而优育。1980年以后出生的人，没有经历过缺衣少食物质的匮乏，没经历过"文化大革命"。他们是随我国市场经济建设从起步到波澜壮阔而成长起来的一代，是社会、经济和文化急剧变化背景下的一代。这样的成长背景会赋予个体怎样的心理特征？

Inkeles[1]团队研究了处于由传统社会向现代社会转变的发展中国家的个人行为的变化过程。研究发现，在社会从传统到现代的转型中，个体生活态度、价值观念和社会行为方式等都会向着更现代性的方向转变。中国科学院心理研究所的周明洁和张建新[2]经过研究发现，在1992—2001年的10年间，中国人在领导性、外向性、情绪性、务实性、乐观性、外控性、自我独立性、和谐性和节俭性等方面的人格特征显著增高。杨国枢[3]对中国人心理变迁的系列研究发现，在现代化进程中，中国人的社交能力（外向性）、支配性（优越感）、灵活性、容忍程度和男性化程度都有所提高，而在情绪性（焦虑）、自我约束（谨小慎微）、友好（和睦关系）、责任感、坚持不懈和女性化方面都有所降低。

上述研究从成长背景上为我们理解高校青年教师群体提供了实证依据。相对于父辈来说，这一代人更加外向开放、更加求新容变、更加独立张扬、更加乐观自信、更加务实和注重效率。在与青年教师的访谈中或社交网站上，这些心理特征都格外明显。

（一）自觉接受新经验、新观念和行为方式

本研究中访谈到的青年教师有一个共同特点：爱学习，乐于接受新经验、新观念和新的行为方式。

青年教师的开放和好学，源于教师职业的内在要求。教育家马卡连柯说："学生可以原谅老师的严厉、刻板，甚至吹毛求疵，但不能原谅老师的不学无术。"特别是在信息化的时代，作为大学青年教师，要讲好课、教好

---

[1] Inkeles A. Making men modern：On the causes and consequences of individual change in six developing countries[J]. The American Journal of Sociology,1969,75.

[2] 周明洁,张建新.中国社会现代化进程和城市现代化水平与中国人群体人格变化模式[J].心理科学进展,2007,15(2):203-210.

[3] 杨国枢.中国人的心理[M].北京:中国人民大学出版社,1970.

学、带好学生,教师的"一桶水"已远远不能激发学生的兴趣。因此,高校青年教师的教学工作,教以学为前提,需要教师不断接受新经验、新观念并充实到教学实践中。在对教师的采访中,我们发现,青年教师非常重视研究领域中的各种学术会议和学术信息资源。例如,一位教龄7年的青年教师T说:"不管多忙,我都要保障参加学术会议和学习的时间。"不难理解,各种学术会议和学术信息资源是青年教师专业学习和成长的重要途径。

同样,CYZ("知乎"用户,高校青年教师)在回答"如何讲好一门课"时说:"Be the foremost expect on this topic,对于这门课,你必须是里里外外、上上下下、几乎无所不知的,这样你才能讲出'干货'。"而这样的"干货"是建立在教师不断学习的基础上的。

另外,高校学生工作也同样需要更新观念和行为。例如,方文的微尘时光("新浪微博"用户,高校学生工作教师)谈道:"我的学生工作微信化了,我可以体验新鲜产品来改变老师和学生的关系,从不同层次得到学生们对我们的反馈,可以亲身感受着科技所带来的变化。"

(二) 乐于迎接变革

相对来说,高校青年教师群体作为教育系统的"新鲜血液",对所在领域的各种新事物和新方法感觉更敏锐,对教育系统中的各种陋习和陈规的感受也更加鲜明,他们对变革也有更高的乐见性。

例如,在知乎、小木虫等论坛中,青年教师对专业领域的各种新事物和新方法的追逐堪比粉丝追偶像。韩春雨的研究一经发表,一天之内,在"知乎"上的相关帖子过万。而在最近一期的《知识分子》中,唐昊提到:"两个星期前,其所在的学科主办了一次'中国青年政治学论坛',来自西北的一位学术编辑在其发言的最后讲了一句本届论坛的最强音——'中国的政治学要告别老同志',从而引起全场听众雷鸣般的掌声。"这些评论和掌声都反映出青年教师对改革的高度期待和参与热情。

(三) 有强烈的个人效能感

相对来说,"80后"的高校青年教师对个人能力充满信心,有强烈的个人效能感,更有勇于担当、舍我其谁的锐气。例如,LQC("新浪"博主)提到:"我们这一代,远比此前的任何一代中国人都更接近文明。但黑暗并未完全散去,恶之幽灵尚在周遭潜伏,蠢蠢欲动。无论如何,我们必须挡住幽暗,让下一代在更光明的世界里自由、幸福地生活。"

(四) 主张平权和平等相处,追求自由和民主

高校青年教师的人际关系相对来说更加平权、更加自由。一方面,由于专业技术的发展、信息资源路径的多样化等改变了组织的权力模式,高等学校组织更加扁平化;另一方面,由于知识型员工"术业有专攻",而且知识本身存在不完整性,因此这些因素都使高校青年教师并不那么受到膜拜。此外,在与学生的相处上,高校青年教师也更加强调民主和平等。

SFB❶(高校青年教师)在谈到师生关系时提到:"大学老师,尤其是班主任,基本上都是抱着培养知己的心态在培养学生。"

二、学习经历:有 20 年以上学校学习经历的"学霸"群体

在我国高校的教师入职要求中,受过高等教育是必要条件。到 2005 年,入职高校教师岗位至少需要硕士研究生学位,而实际上大多数高校教师都有博士学位。由此可知,我国高校青年教师至少有 20 年以上的受教育经历

---

❶ 教师应该掌握哪些新技能[EB/OL].(2017-03-29)[2017-04-02].https://www.zhihu.com/people/shu-fei-bai.

(具有硕士学位),大多数高校青年教师受教育年限则在22年之上(具有博士学位)。2013年,我国人口的受教育程度均值为9.28年❶,高校青年教师要高出这个人口均值至少10年。从这个意义上看,青年教师可谓是知识精英群体。

(一)"学霸"群体

高校青年教师的受教育时间基本在1986—2010年之间。在此期间,高等教育招生采用选拔制,人才筛选以高考成绩为依据,大学的入学淘汰率高。升学模式基本依循小学优而升中学、中学优而升大学、大学优而升研究生依次展开。与同龄人相比,高校青年教师在发展过程中获得了显著的学习能力和扎实的知识积累,他(她)们是适应我国教育体制的竞争优胜者,是名副其实的"学霸群体"。

相对老教师而言,多年学科体系内的专业教育训练使青年教师的知识专业性更强、知识系统性更好。心理学家在对新手到专家成长路径的研究中发现了"十年效应"。对多数领域来说,十年就是从新手到专家的时间。很多高校青年教师一直在一个领域内学习、钻研和探索,从上大学到博士毕业十年寒窗,已具备了该领域专家的基本水准。

另外,研究生的教育经历和外语的使用能力也促使青年教师能自如深入地拓宽学术视野、掌握前沿信息。我国研究生教育的一个重要特征是国际化和尖端化,鼓励科技创新和理论创新,培养的人才也更加国际化、更加面向未来。

以河北科技大学韩春雨老师青年时期的学习经历为例。2016年5月,韩春雨老师团队在《自然生物技术》(*Nature Biotechnology*)杂志上发表了

---

❶ 蔡禾. 中国劳动力动态调查:2015年报告[M]. 北京:社会科学文献出版社,2015.

DNA-guded genome editing using the Natronobacterium gregoryi Argonaute 一文，而该研究被认为是诺贝尔奖级别的一项研究。回顾韩春雨的学习经历，他大学就读于河北师范大学，于中国农业科学院读取硕士研究生学位，在中国协和医科大学获得博士研究生学位。毋庸置疑，这样的学习经历使韩春雨老师拥有了系统的专业知识、前沿的学术视野和高新科研技术手段，从而具备了开展国际尖端科学研究的能力，而这些又为他发现重要研究成果奠定了坚实的基础。这些专业训练和能力积累恰恰是其超越"小学校、低平台、陋设施"而做出重大发现的关键所在。在高校青年教师群体中。有大量像韩春雨这样的知识精英，系统的专业训练和长期的专业积累是他们的优势所在。

(二) 精英型人格特征

除了在知识积累方面的优势，高校青年教师能在校园的同龄群体中持续脱颖而出，也离不开其优秀的心理品质。

1. 他们是努力的"代言人"

多数青年教师在成长经历的回顾中都会谈及"努力"和"自我控制"。

W（语言学教师）：我从小学到大学都比较顺利，只考过一次第二名。

主试（以玩笑的口气）：天才吧！

W（语言学教师）：如果我是所谓天才的话，是因为拼了命的努力，我没有给过自己太多娱乐、休闲的借口。

这种"学霸"经历，成就了青年教师的自信，也对其职业选择、职业风格和职业认同具有决定性的作用。

2. 他们是毅力的践行者

当谈及所遇到的挫折和困难时，他们会毫不犹豫地选择"坚持"，选择顽强不放弃，选择战胜自我。

Z（年轻的女数学教授）：我其实也曾怀疑过自己人生道路的选择。整整六年，我在科研上投入了无数时间和心血，却没有任何重要成果发表，无从证明我的努力（但最后她还是坚持下来了）。我骨子里是个不甘平淡、享受挑战的人。既然决定要走的路，那么跪着也要走完。

3. 他们习惯于高标准，继承了我国知识分子的优良传统

二十多年的"学霸"经历，使高校青年教师维持一个较高水平的个人准则，表现出我国传统知识分子"穷则独善其身，达则兼济天下"的行为模式。

Y：有些事，大家都糊弄，但我做不到，还是要尽力。

S：我认为的"优秀"不是一个个象征着荣誉和成就的标签，而是那些人性当中最美好的东西，能充分得到彰显。

三、边缘群体属性——圈在校园内观望社会变革的"留校生"

值得注意的是，从成长背景和学习经历看，应试教育框架下发展起来的青年教师也有其局限性。

从校园进入校园，高校青年教师是蜷缩在校园的"留校生"。19年的校园内生活，使高校教师处在社会发展改革之外；近30年的校园职业生涯，"象牙塔"离社会有点远。这种边缘化带给了高校青年教师强烈的虚无感。

梁鸿❶（高校教师，青年学者）：以至于无从知道自己如何与历史发生真正的关系。如果找不到历史的切入点，你将无法找到存在的理由和价值感；如果无法感受到问题和矛盾之源，你就如同进入无物之阵，陷入四面空虚的困境。

---

❶ 梁鸿.历史与我的瞬间[M].上海：上海文艺出版社，2015.

在我进入大学教书并成为一名研究者之后，这种被架空的感觉日益强烈。并非研究本身没有意义，而是你，研究者主体，无法从研究中寻找到与历史共在的感觉。更为致命的一点是，成为学者，也即确立一种阶层和一种生活方式，它意味着你再次被隔离开来。当学者仅仅是某种知识生产和一种职业的时候，它所蕴含的内在破坏力和启发价值就逐渐消退。

从1998年开始，教育部联合香港李嘉诚基金会启动"长江学者奖励计划"，引进高层次人才进入高校。其中，90%以上的人才具有国外留学经历。这种趋势近些年愈演愈烈，大量的海外留学生被引进高校。在我国发达地区或重点高校中，"海归"已占到85%以上。尽管这些海归有全球视野，但终归是从校园到校园。（注：对海外留学归来青年教师的心理研究不作为本书重点。）

然而，很多有关职业成就的研究发现，虚无感是职业倦怠和低绩效的主要预测因素，有关这部分内容的深入讨论详见本章第三节。

四、职业属性——朴素的知识型工作者

如果纯粹地讨论职业属性，高校教师是典型的知识型劳动者或专业技术人员。他（她）们具有较好的专业能力、教育背景与行业经验，而且他们工作的主要目的是知识的创造、分享和应用。❶ 与体力工作者相比，知识是知识型工作者的工具和生产方式，知识型工作者能够持续地获得知识并将知识资源转化为价值；并且在知识难以获得或者获得不充分时，具有创新和寻求替代的能力。在当今的知识社会，资本对劳动的依赖尤其多，掌握知识和技术的知识型工作者是全社会的宝贵资源。

从心理层面分析，高校青年教师作为知识型工作者具有如下特点。

---

❶ 托马斯·H. 达文波特.思考生存[M].袁庆宏,译.北京:商务印书馆,2007.

（一）追求自我价值实现、有强烈的成就动机

高校青年教师具有较强的专业兴趣。

XK（高校青年教师）：做老师是因为喜欢自己的专业，所以别的什么都不重要。能以自己的兴趣谋生还有什么别的要求？

高校青年教师具有较强的专业成就动机，与体力劳动者相比，他们更看重自身价值的实现，并强烈期望得到学生、学校和社会的认可。他们从工作中获得了大量的内部满足感。

NM1（高校青年教师）：我喜欢教大学生，我们这个小行业的未来在学生那里，承担社会责任、传承文化是不分职业的。有担当的都会做。人要有点追求、有点理想才能真正体会到除了物质以外的东西。

FL（高校青年教师）：本人属不可救药之理想主义者，且勤修阿Q神功，已入高阶……

HR（高校青年教师）：问我为什么喜欢做老师？愿意做科研？首先是有成就感。你自己每天都在和这个世界上一批从事最精尖科技的聪明人竞赛，当你的脑洞大开，想到了一个方法比他们的方法还要好的时候，那种成就感是无与伦比的。目前，我手头有8篇论文准备投稿，其中还有一篇准备投SCIENCE。这太有成就感了。最后是个人成长。当你在公司工作的时候，总是感觉在为别人创造价值。但是在学校，你所做的东西几乎都是在直接提高你自己的能力和素质，为学校创造财富只不过是其中的一个结果而已。这种个人的成长也是非常吸引人的一个方面。

在"知乎"上，对"学生进步了，老师会感到欣慰吗？"这一问题的回答，反映了青年教师的自我价值及其实现时强烈的成就感。

GT（高校青年教师）：具体到大学老师的话，还涉及一群特殊的学生，就是自己带的学生。这就像是自己亲自种的大葱一样，要精心培育，养得

高高大大的，使它们成为每一个煎饼都想卷的大葱。

WY（高校青年教师）：何止是欣慰？简直比自己进步了还高兴，都想抱住亲一口！

（二）渴望工作自主，较强的自主意识

因为知识性工作的核心在于发挥个人的创造性开展知识创新，而且工作本身涉及大量独立的个体脑力劳动，所以从知识型工作的本质看，工作自主权是高校青年教师的一个基本心理要求，他（她）们更希望进行自我管理。他们的忠诚度更多的是针对自己的专业，而不是校长或其他管理者。

Azul❶（高校青年教师）：我个人看重的是大学的自由，越是好的学校，这种自由度越高。在"985"高校，如果你没有任何行政职务，那么在通常情况下，你除了上课，除了科研，你不会有其他的纷扰，你不用听命于谁。即便是上课，大都是与自己的研究领域相关，讲的是自己喜欢的东西。我不知道哪里还有比高校自由度更高的工作。况且，大学还有两个假期，老师们可以自己做自己的事情。

FL（高校青年教师）❷：教书是一种自由。有时候自由比待遇重要，尤其是对于自我的人来说。大学本来就是一个追求自由的地方。一旦获得固定教职，那么研究、教学的自由度都很大。

123（高校青年教师，36人赞同该观点）：五年的大学教师生涯，使我觉得大学老师是一个最好的职业，没有之一，为什么？可以套用一位朋友的话：自由，自由得像风一样。

---

❶ 为什么大学老师不去找个待遇更好的工作[EB/OL].(2017-01-26)[2017-02-10].https://www.zhihu.com/question/28059383/answer/97310891.

❷ 为什么大学老师不去找个待遇更好的工作[EB/OL].(2017-01-26)[2017-02-10].https://www.zhihu.com/question/28059383/answer/62588214.

JXL（高校青年教师，5036人赞同该观点）❶：我喜欢当老师是因为自由自在。本人高校"青椒"一个，小兵一名，不引人注意，所以没人管我做什么，没人对我指手画脚。收入虽不高，但我欲望也不高。那些在业界里打拼或者自己创业的，收入虽然高很多，不少人也做出了不少成就，我非常佩服他们，但我还是要走我自己的路。

由此可推理，限制教师自主和自由的一些因素，如行政干预，势必影响青年教师职业认同和职业体验。

NM2（高校青年教师）❷：整天被管理人员支使得团团转，一个邮件下来了，你就得去找这个资料、那个文件，填这个表、那个表；一个通知下来，你就得准备这个材料、那个材料，应付这个评估、那个检查的。这些应该说是教学和科研之外的事儿，但是在行政人员眼里这些就是你分内的事儿。而他们的主要工作就是转发通知和统计你提交的数据。（注：该回答的点赞人数为565人。）

ZL（高校青年教师）❸：回国当教师，回来一堆琐事，各种疲于奔命的申请，填写各种的表格程式占去了我大部分的时间，还有校际各种非科研会议，学科建设、实验室建设、"十二五""十三五"评审这个、那个，各种评审报告……科研？研究？不知道丢哪个旮旯里了。（注：该回答的点赞人数为1637人。）

既然渴望自由，也就意味着不那么欢迎监管和评价。在我们访谈到的青年教师中，大家普遍的心声就是：对高校教师来说，最好的评价就是减

---

❶ 为什么大学老师不去找个待遇更好的工作[EB/OL].（2015-02-08）[2017-02-10]. https://www.zhihu.com/question/28059383/answer/39225730.

❷ 在国内高校工作是一种什么样的体验[EB/OL].（2015-07-08）[2017-02-15]. https://www.zhihu.com/question/24421875/answer/80668136.

❸ 在国内高校工作是一种什么样的体验[EB/OL].（2015-07-08）[2017-02-15]. https://www.zhihu.com/question/24421875/answer/54281059.

少评价，最好的管理就是无为而治。这样的感受反映出高校青年教师对工作自主性的深切要求。

（三）工作弹性大

高校教师评价自己的职业优势时，总是会提到工作弹性大，空间、时间、内心活动等总在流动的状态里。他们对专业的投入意味着他们很少把工作周定义为每天工作5~8小时，每周工作5天。

Azul（高校青年教师）：高校教师七年，最大的职业优势可能在于不用朝九晚五。上课之外的许多时间可以自由安排，可以去图书馆，也可以做自己的想做的事。

但工作弹性大也会引发以下两种现象。

1. 劳动过程难以监测

PPL（高校青年教师）：虽然不用天天固定在办公室，但却不能很好地区分工作和生活。教师回到家还要继续科研工作、继续备课、改作业，指导学生。三更半夜搞科研的不在少数。

这种工作状态对高校教师来说非常普遍，因为知识型工作者大都从事脑力劳动，这一过程往往是无形的，也没有既定的流程和步骤。因此，要求教师坐班或者对教师工作过程进行监控既没有意义，也不可能。

2. 劳动成果难以评估衡量

知识型劳动的成果相对于体力劳动成果更难以评估，尤其是高校人文社科类教师的成果。

一方面，知识型劳动者的生产力主要在于成果的质量而非数量，对质量的量化要远远难于对数量的量化。计算有几篇文章虽然容易，计算学生评教的分数虽然容易，但并未涉及知识型工作的根本，只是这样管理起来更加简单和便利;另一方面,知识的创造性成果并不是能够立即兑现的,大量成果的实践化、社会化和产品化需要数年、数十年乃至百年,尚不能定论的成果比比皆是。

HLS(高校青年教师)❶:即便是科研导向下的人文学科,其考核指标也不好以单纯的论文数量、层级为准。这是因为人文学科不似自然科学,可以用实验室环境方便地证实或者证伪。

再者,教育和教学的科学性并不在于严格执行教学计划,而在于善于对事先计划好的东西做出必要的变动,多数高校教师乃至不少大教育家对此颇有同感。

最后,教师往往组成团队进行跨专业、跨学科和跨学校的工作。劳动成果是集体智慧的结晶,要针对个人绩效进行考核是非常困难的。

而当前高校教师的绩效考核系统很难触及教育管理的本质,还存在比较明显的漏洞。

CC(高校青年教师)❷:相比较而言,如果你要在二会、保卫科、督导室和宣传部等部门找到扣分项,那么还真是不容易呢。就像部队里的一个团,考核完毕才会发现战斗人员扣分最多,倒是炊事班、医护兵、通讯员和宪兵队成了全团的战斗模范。五百多人的教师队伍,搞出三百个中层,管理系统臃肿不堪。

因此,评估衡量高校教师的劳动成果需要特别审慎斟酌。

五、青年教师职业生态——努力向心的游离部落

理解一个职业群体的生态,需要了解其上游、中游和下游的状况。钱

---

❶ 高校教师评价机制应该如何平衡教学和科研论文[EB/OL].(2014-12-24)[2017-02-10]. https://www.zhihu.com/question/27211599/answer/35731567.
❷ 怎样评判一个老师工作绩效好坏[EB/OL].(2016-03-25)[2016-12-20]. https://www.zhihu.com/question/41769834/answer/92266460.

钟书先生在小说《围城》中曾提到学校的三种势力（管理层、学生和教师），高校青年教师的生态也包括这些因素。

当前，大多数高校尚未发展成一个平等的学术共同体，而更接近等级森严的阶层体系。比较常见的是，少数教授和主要行政管理人员通过积累以行政头衔与荣誉奖励等形式存在的资本来占据绝大多数资源，成为大学的支配力量，并在一定程度上决定着青年教师在这个系统的遴选、升迁及事业发展。青年教师刚刚进场，还在边缘。他们在收入、教学、科研、管理和心理等各个方面确属弱势，如同无所依附的星球，虽然努力向心，但依然游离在职业生态系统的下游。相比态度立场，青年教师在高校系统中的位置左右了其学术职业的发展状况。

NM3❶（高校青年教师）：我不是很看好所谓科研团队，很多就是大老板利用行政手段，让青年人给他卖命，当然给够钱，无话可说，但是就是有些人，把青年教师不当人看，给自己公司干活，不关心这些人的职称晋升（公司干活跟目前主流的以科研基金和论文为代表的评价体系是背道而驰的），大有人在。

SWX（高校青年教师）❷：想要留在学术界有好的发展，不管在中国还是在外国，都是需要有一位有地位的资深学者予以支持。这个人多数是你导师，或者是你所在院系的团队负责人。有的团队不捧人，只割草。有的团队以"捧人为本"，但人一牛就都跑了。能平衡以上两者的团队少。

另外，学生也是高校青年教师职业生态系统中的一部分。大多数大学生还是积极向上的，也有个别负面现象的存在。

ANN（"小木虫"用户，高校青年教师）：我在高校当一线老师已经四

---

❶ 在国内高校工作是一种什么样的体验[EB/OL].(2015-02-08)[2017-03-01].https://www.zhihu.com/question/24421875/answer/39109441.

❷ 在国内高校工作是一种什么样的体验[EB/OL].(2015-01-15)[2017-03-01].https://www.zhihu.com/question/24421875/answer/80980331.

年了可以说，每年我都要跟几百个学生打交道，因为我做的是学生工作。一个班级里30名学生，知道学习，自律性好，努力奋进的越来越少了。另外，学生也越来越吃不了苦，没有哪个高校敢来个宽进严出，现在是老师想办法让学生及格，让学生毕业。某些学生来大学，不是来学习的，而是来享受的，吃喝玩乐……

访谈中，不同高校的青年教师都默认：青年教师的发展在一定程度上比拼的是"谁更善于利用规则"。如同北京大学的钱理群教授所提醒的那样：高校培养了一批精致的利己主义者。青年教师如何突出重围，"顺应"与"服从"是当前大多数青年教师的基本策略。

综上所述，从青年教师的成长经历中可见，高校青年教师积极向上，努力且坚持，秉持较高的自我标准；是精英群体，但有边缘化的成长经历；从给青年教师的职业属性和职业生态可见，他们是一群努力向心但游离的知识型工作者。

第二节 为什么选择教师这个职业——殊途同归认同

动机有三个功能：激发、维持和指向选择。教师的职业动机是青年知识精英选择教师职业，坚持做老师和努力做好老师的原因和动力所在，是高校青年教师职业发展和专业成长的根本，也是本研究探讨的重点。在"知乎"上"大学老师为什么不找别的工作？"这一问题引起了广泛而深入的讨论，该问题反映了高校青年教师的职业认同状况，本研究将其作为探索高校青年教师职业动机的操作指标。该问题共有101条回答，其中最受欢迎回答的点赞人数达到5056人，仅单条回答的评论就达到379条，总信息量在20万字以上，本节将围绕这些信息来探索高校青年教师的从业动机。

职业认同是个体对所从事职业角色的重要性（向心性）、吸引力（价值）及与其他角色的融洽性（协调性）所做的总体评价，包括职业自我认知、职业自我体验和职业自我控制。另外，从发展的角度看，个体对从事职业的看法是通过多种原因和路径逐渐形成的，包括不同层面的心理内容，如 Meyer、Allen 和 Smith[1] 都认为，职业认同由情感认同、持续认同和规范认同构成。本节将从认同的各层面来分析高校青年教师的职业心理特征。

一、高校青年教师职业认同的相关因素

（一）个人成长经历

青年教师的个人成长经历显著影响其职业认同。如同本章第二节所论述的，青年教师在其二十多年的校园学习生涯中，对特定教学模式的体验和观察，影响了他们的职业选择和职业行为。无论是线下访谈还是线上的信息，很多青年教师都提到了他们所钦佩的教师，而这些教师影响了他们的职业生涯选择。尤其作为老师的好学生，他们亲师信道，与教师的职业风格匹配度最好。因此，不难理解，在职业选择上，高校青年教师是"好教师"的追随者。

简单快乐（新浪博主）：我为什么当老师？人各有志，小时候就羡慕当老师的。教我的老师一个个都是充满智睿的、慈爱的，他们无私地在我的成长历程中撒下一路芬芳，让我陶醉不已。

ZXW（新浪博主）：我为什么要当老师？只因为我从我的老师那里获得了幸福，并希望把这种幸福传递给之后的人们。

---

[1] Meyer.TP, Allen NJ, Smith CA. commitment to organizations and occupations; Extension and test of athree-component conception[J]. Journal of applied psvchology.1993,78（4）:538-551.

而长期的校园学习生活经历也使其职业选择具有了惯性。

SZG（曾经的高校青年教师）：在求职时，人们本质上追求的是什么？我认为是安全感。

当一个人，在一个环境里已经待了超过五年，就很难离开这个环境了。因为换环境，就意味着风险的增加。

四年本科、两年硕士、三年博士，最快的速度也要九年才能毕业。这九年，18~27岁，正是人在性格、能力、感情、"三观"等各个方面定型的九年。更何况多数博士都是三十多岁才毕业的。此时，离开那个熟悉的环境（非指一所具体的高校，而是泛指"高校圈"），是需要很大的勇气的。走出舒适区不是那么容易的。

我认为，这才是近年多数大学老师留校的根本原因。君不见，很多人毕业时不能如愿，就宁可做博士后，再在这个环境里搭上几年来等待一个风险更小的未来。

（二）工作性质——相对稳定且貌似轻松

尽管高校已经实行了人事制度改革，但大多数青年教师仍然认为，高校工作相对稳定、低风险，职业安全感要好于企业，而这种稳定所带来的安全感也是高校青年教师职业认同的一个要素。

LD（东部非"211"二本高校青年教师）：从投资、收益与风险方面来看，当教师属于风险极低、收益尚可的投资类型。换句话说，稳赚不赔。虽然赚得不是很多，但是极其稳定，无风险。本人不是那种喜欢冒险的人，所以这样的工作对我来说是很满意的。虽然偶尔会羡慕有钱人，但是想想风险，自己就退了。

一种普遍的看法是"做教师是因为大学教师这个工作清闲、轻松"。可在大学老师看来，真是这样吗？线下访谈到的青年教师和社交网络上的信息都告诉我们：要做一名好的高校教师，需要殚精竭虑。但"轻松"的社会印象在其职业选择中也会起作用。

NM4（曾经的高校青年教师）：我做过五年高校教师。其中，讲师两年，副教授三年。我每年春节只能给自己休息五天的时间，平时就更别说了，每周差不多需要工作70个小时（我说的可不是待着的时间，是实打实工作的时间。如果要算上其他在办公室、实验室的工作时间，那么至少还需要增加30%~50%的时间，基本天天都是早八点到晚八点）。教师的辛苦，我很清楚。跳出来以后又发现，当时想的"评上正教授就轻松了"这个想法，是一个多么幼稚的想法。正教授会更忙，而且更重要的是正教授的责任更大，需要协调的事情更多，特别是要担任学科带头人之类的，真的心累。

（三）组织形象——较好的社会声誉

作为高校教师所归属和依托的组织，高校有良好的社会声誉，这与我国尊师重教的文化传统有关。而这样的组织形象使高校教师的社会地位和社会阶层都具有了相对优势，良好的职业声誉是高校吸引青年知识精英从业的原因之一。

ZTS（高校青年教师）：高校社会地位高，报自己是大学教师跟报自己是柜员、码农、经理和自由职业者差太多了。在任何版本的全社会职业声望调查里，大学教师都不会跌出前五的，无论中国还是外国。

NM5（高校青年教师）："85后"二本的青年教师，可能有些老师觉得这职业教书育人有追求吧。但我这人没那么高的情操……我个人愿意从事这个职业的最最真实的原因是：我妈觉得有面子，辞职有被砍断一条腿的风险。

GT（高校青年教师）：高校社会地位较高。虽然工资不高，但出门在外拿个名片出来还都是拿得出手的。尤其是老婆认为，嫁给大学老师比较好听。

NM6（高校青年教师）：女教师一枚，比较容易找对象。

NM7（高校青年教师）❶：高校社会地位高，带宝宝在小区里玩，家长互相自报工作后，宝宝的受欢迎度都会提高。

（四）组织环境——高校人际关系相对简单

从线下访谈和线上数据不难看出，组织环境也是青年知识精英选择高校教师作为职业的原因之一。

ZZK（高校青年教师）❷：大学人际关系相对简单。读到博士学位的人多少都有Sheldon的影子。每天教书育人，和学生们在一起，人际关系还是比社会简单。

LD（高校青年教师）❸：高校社交很单纯。如果不当领导的话，社交真的很单纯，单纯到圈外人难以想象。公司里面的钩心斗角让我们听起来就像发生在另一个世界一样。日常接触最多的是学生。同事之间都很客气，也没什么利益冲突。朋友都是真正能谈得来的，完全没有利益考虑，偶尔出去吃个饭，互相更新一下近况，真的是与世无争一样的状态。系里的教辅和行政人员见到教课的老师也都是客客气气的，包括系领导，都不会有一般公司或者政府部门领导那种以势压人的感觉。总之，在大学做一个教课的老师，学生对你很好，同事之间无利益之争，领导对你也都很客气。

---

❶ 为什么大学老师不去找个待遇更好的工作［EB/OL］.（2015-08-21）［2016-10-12］.https：//www.zhihu.com/question/28059383/answer/63637491.

❷ 为什么大学老师不去找个待遇更好的工作［EB/OL］.（2015-08-21）［2016-10-12］.https：//www.zhihu.com/question/28059383.

❸ 为什么大学老师不去找个待遇更好的工作［EB/OL］.（2015-08-21）［2016-10-12］.https：//www.zhihu.com/question/28059383/answer/46599701.

这种单纯的生活，我觉得不是有钱就能买得来的。

  DB（高校青年教师）❶：高校教师入门的高门槛，使大家不管有没有后台，都是读了二十多年书上来的，素质涵养什么的都差不到哪里去。同僚如此，工作会很舒心。我的父亲曾对我说过："同样是老师遇到矛盾，小学老师是直接揪头发开打，中学老师是学宫斗暗中使绊儿，大学老师则是微微一笑回办公室比学术。"虽然这个观点有些偏激，但是这也正好说明了在一个高素质的群体中工作会有多么放心。

  LA（高校青年教师）❷：大学作为工作环境，会比企业里单纯，少些钩心斗角么？相对来说是的，但是也不要觉得这里就是乌托邦。自古有"文人相轻"之说，知识分子里孤傲心眼儿小的照样一抓一大把，更不要说有的人拼命留校就是因为自己性格方面不适合在企业里立足。一个课题组里的教师相互之间严守成果，评选职称搞"山头主义"……这样的事情也不是没有。所谓"不用看任何人的脸色"更是无从谈起。坐不到那个位置，你必然享受不到那个位置的待遇；而若想要坐到这个位置，你就需要付出。

  上述相关因素在顶尖大学教师的论述里很少出现，更多地出现在二、三流等高校青年教师的表达中。由此可以推测，二流及以下大学青年教师的成就空间不足，职业认同主要建立在工作的副产品和相关因素上，而不是工作本身。

二、高校青年教师职业动机的主因——真爱就是理由

  除了上述相关因素之外，促使青年教师热爱并全身心投入职业的主要

---

❶ 为什么大学老师不去找个待遇更好的工作[EB/OL].(2015-08-21)[2016-10-12].https://www.zhihu.com/question/28059383/answer/66793098.

❷ 为什么大学老师不去找个待遇更好的工作[EB/OL].(2015-08-21)[2016-10-12].https://www.zhihu.com/question/28059383/answer/39262836.

动机是什么？我们使用"文心"系统对"知乎""大学教师为什么不找别的工作？"的回答进行了词汇分析，各类词汇的分布状况如图5-1所示。

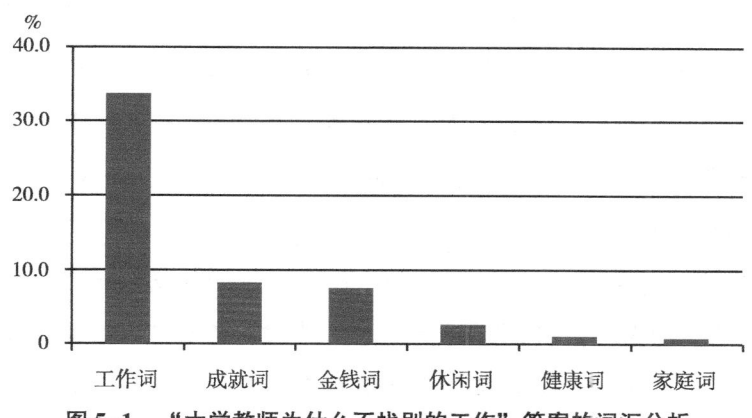

图5-1 "大学教师为什么不找别的工作"答案的词汇分析

结果表明，高校教师的职业动机源于对这份工作本身的喜欢：所提及的词汇人均34词为工作词，而成就词、休闲词、金钱词、健康词等反映工作副产品的人均提及词汇数远远少于工作词的数量。而且其中涉及大量的积极情感词汇。投身教师职业是因为喜欢教育工作本身，主要集中在传道、授业和解惑三个方面，代表性回答如下。

JXL（高校青年教师）❶：我选择当老师，从来没后悔过。首先是喜欢，我一是喜欢编程，二是喜欢教育。这不是说假话，是真喜欢，再没有比现在在大学里教编程更合适我的啦。我现在致力于在线教育，讲MOOC、搞网站、写教材、编代码……把自己的知识分享出去，很多人表示学有所获对我表示感谢，个人虚荣心得到极大的满足。这种事利人利己，即使钱少，有时甚至不给我钱，我也愿意干。

---

❶ 为什么大学老师不去找个待遇更好的工作[EB/OL].(2015-02-07)[2017-03-01].https://www.zhihu.com/question/28059383.

GT（高校青年教师）❶：我从公司"跳槽"去大学，薪水变成了原来的1/3……可我还是选择当大学教师，原因有以下几点。教书育人的感觉不错。不可否认的是，当大学老师，面对几十、上百的学生，能讲得出彩，让学生跟着自己的思路走，坐在最后一排的学生不是在睡觉，而是抬头在看黑板，提问的时候有人会回应，这些感觉都很棒。在大多数博士的心中，都有一个大学教师梦。不想当大学教授的博士不是好民工，而成为大学教师，是对于一个博士学术能力的肯定。

FL（高校青年教师）：我教书的原因就是因为"好为人师"。喜欢分享、讨论和做学术研究。我2007年开始教书，当时除了教书，也没有太多其他途径可以好为人师。现在，教和学的模式都更多，因此教书也不是好为人师的必然选择。

SS（高校青年教师）❷：有个自己的讲台，有一群愿意听自己说话的人，想想都开心。

NZ（高校青年教师）❸：当老师无非就是两个目的：首先，科研是很爽的，可以花所有的时间去做自己喜欢的研究，不用考虑单位是否打算开设这个项目；其次，就是有教学的瘾，自己了解了某些知识，就希望能让更多的人也明白，在给别人讲课的时候，就会获得幸福感。

DLFN（高校青年教师）❹：某二线城市非重点大学的一枚小老师。看见这些前缀你应该能想象到我的工资有多少了。说句实话，我朋友们自己干英语培训赚的钱都是我收入的两三倍。可是，我为啥读了N年书，却费好大

---

❶ 为什么大学老师不去找个待遇更好的工作[EB/OL].(2015-08-21)[2017-03-01].https://www.zhihu.com/question/28059383/answer/39349766.

❷ 为什么大学老师不去找个待遇更好的工作[EB/OL].(2015-02-07)[2017-03-01].https://www.zhihu.com/question/28059383.

❸ 为什么大学老师不去找个待遇更好的工作[EB/OL].(2015-08-27)[2017-03-01].https://www.zhihu.com/question/28059383/answer/61106004.

❹ 为什么大学老师不去找个待遇更好的工作[EB/OL].(2015-09-14)[2017-03-01].https://www.zhihu.com/question/28059383/answer/63637491.

劲去学校当老师呢？喜欢，不是说热爱教育事业，只是单纯喜欢站在讲台上与大家分享自己知识的那种感觉。与学生共同探讨问题，在他们身上获取年轻的朝气，这种感觉真的很棒。

GCXZ（高校青年教师）：我能说真的是因为爱吗？每次给他们介绍书、电影、好的APP（比如"知乎"）、TED、访问节目等。虽然不是每个学生都会去看，但看了的孩子会和我交流观后感，会感谢对他们的启发，足矣！任课老师教的课本知识也许给了他们将来找工作的法宝，但辅导员偶尔的鸡汤、正负能量、谈心或者是骂或多或少给了他们可以独自立足社会的铠甲吧。

不难看出，这些表达字里行间都透出发自内心的喜欢。基于这样的研究结果，我们使用NVIVO11.0对"喜欢"这个关键词进行了分析。

虽然具体理由各种各样，但都与这个工作的基本属性有关，高校青年教师喜欢知识分享、喜欢科研创新、喜欢立德树人。这样的职业动机符合该职业的社会期望和社会分工，也从另外一个方面说明，高校青年教师至少在动机层面与职业期待一致，他们比较热爱教育行业。甚至由此可以推测，高校青年教师是否也是为了保护真爱而成为所谓的"精致的利己主义者"。

综上所述，高校青年教师热爱教育事业，发自内心地喜欢教师这个工作本身，这样的职业动机是其工作投入程度和工作绩效的保障。

第三节 在高校做教师是一种怎样的体验
——痛并快乐着

尽管内心有着强烈的职业动机，但从状态上讲，作为一名高校教师究竟是怎样的一种体验呢？本节以"知乎"上对该问题的回答为研究资料，回答该问题的共有756人（样本量），包含411753个词汇，使用文心系统的词汇分析法多层面地分析高校青年教师的职业心理体验。

一、高校青年教师的职业体验以工作词为主,成就词和收入词为辅

对"作为一名高校教师究竟是怎样一种体验?"的回答中,工作词(如教学、科研、学习等)的出现频率最高,人均提到 26.43 次,远远高于其他词的词频;其次是成就词(如擅长、尽责、高手等),人均提到 6.64 次;金钱词(如工资、年薪、收入等)排在第三位,人均提到 5.11 次;休闲词人均 1.51 次;而家庭词、宗教词和死亡词提到的次数平均都不到 1 次,详见图 5-2。可见高校青年教师能围绕研究主题谈职业体验,成就和金钱是高校青年教师工作体验的副产品。休闲和家庭词频率低,可能也反映了青年教师闲暇少、未成家或者家庭压力不大。具体情况见案例 1。

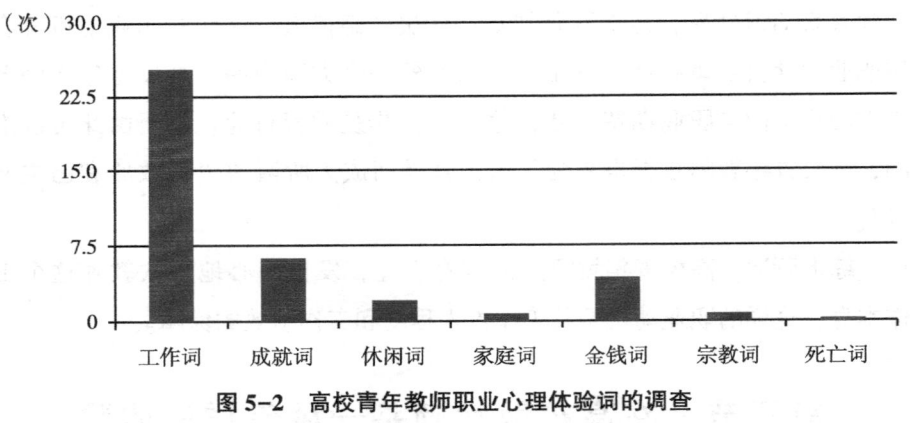

图 5-2　高校青年教师职业心理体验词的调查

案例 1　自由不轻松,痛并快乐着——"青椒"职业体验

案例基本信息: YJT(西部高校青年教师,博士)

工作感受: 感觉在高校工作是自由但是不轻松。

工作分析: 自由感可能也取决于岗位和团队,只要按时完成工作量,包括上课、经费、论文这三项满足一定的条件之后,其实其他时间自由。

但是如果有追求，那就事情很多。你需要不断地跑着去找项目，不断地写论文，不断地评职称，备课、上课，一天感觉时间非常不够用。虽然很喜欢这份工作，但是还是感觉工作量太过了，比我在公司的同学赚得少，但是比他们累。

职业认同分析：喜欢高校教师这份工作。我不太喜欢被人管着，虽然累得很，可是还有支持干下去的信念，看着毕业的学生，干完的项目，很多时候也感觉很快乐，有成就感和存在感。

二、职业体验中的心理活动以职业认知为主，情绪性和社会性体验为辅

研究者对心理活动词汇统计分析的结果表明，高校教师职业体验中的心理活动以认知活动（如理解、选择、质疑等）为主，人均提及高达46.05次，说明高校教师的个人职业体验在理性认知层面上。另外，社会词（如接纳、打招呼等）和情感词（如感恩、失望等）人均提及次数均在5次以上，感知词和生理词则在人均3次左右。详见图5-3。

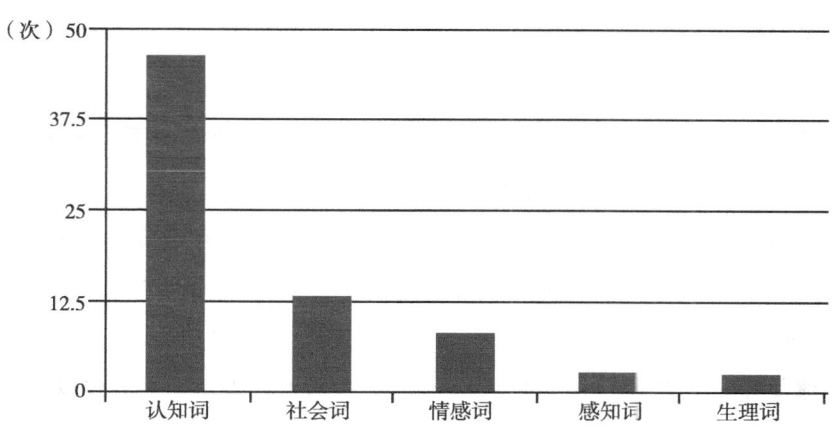

图5-3 高校青年教师职业体验心理活动词汇调查

该结果可能与信息采集来源平台有关，"知乎"平台一方面要求实名回

答,另一方面强调发言人的客观性和真实性,因此,总体上大家就事论事,就职业论职业,所以认知词的词汇量显著高于其他词汇。具体情况参见案例2。

案例2 顽固不化的理想主义者——高校青年教师职业体验自述

案例基本信息:LX,中部理工类大学青年教师

该教师对学校和专业的水准的认知:这几年学校在少数大学排名中比较亮眼,其主要原因在于几位大牛教授贡献了表现不俗的论文和相当高的被引率。但作为在校老师而言,我们与"985"高校的差距,心里是非常有数的。

该教师对入职条件的认知:应聘时我的情况是两篇SCI。近几年学院的引进人员门槛在逐渐提高。

该教师对岗位任务和职业发展的认知:教学工作量方面唯一的利好是有其他的任务折算。

在科研方面,学校没有硬性规定,也不纳入必需的年度考核任务。这个和我目前所知道的其他同等高校一对比,真是业界良心!我们学校的科研政策还算不错,按我们平时总结的就是:"教学有要求,科研凭兴趣。"老师们的科研追求基本就是和职称及奖励挂钩了。

从教学与科研的比例来看,这是本校比较多的老师不认同的一个情况,老师的年均工作量是300个学时达标。

该教师对组织环境的认知:我们学校的科研环境和平台,是可以给教师提供一定的支撑的,只要自己持续努力,肯钻研和发掘创意,项目申请就有回报。

该教师对其工资、福利的认知:从收入来看,当时我的工资大概刚刚够日常花销。

与同学历的其他行业人员相比,高校和企业肯定没得比,如果是从讲师做起,头3~5年还是比较辛苦的。

该教师对职业的总体体验：高校教师工作有很多方面的便利不是用物质收入可以衡量的。

大学里的自然环境和人际环境等，大多数时候也都是不错的。

我很热爱这份职业，也一直在努力成为让学生喜欢、让自己满意的高校教师。

上面这个案例是一位教师比较全面的职业体验，包括对学校、专业、岗位任务、职业发展、组织环境、福利待遇和满意度等多个方面。可以看出，高校青年教师的职业体验描述得客观、中立，有清晰的自我认知，对职业也有理性的判断。对该教师来说，虽然他的收入不高，但可自主支配的时间多，自由感可以弥补经济弱势，总体上来说，他热爱高等教育这个职业，也有事业追求。

在"知乎"该问题的答案中，这个案例的点赞率高，在一定程度上可以代表多数高校青年教师的职业体验。由此可以推测，大多数高校青年教师是职场中的理性人。

三、职业认知虽丰富，但认知中表现出差距感、限制感和冲突感

在高校青年教师的职业体验中，职业认知词汇中洞察词（如了解、恍然大悟、体会等）和因果词（如引起、使得、变成等）人均提及10次左右。具体结果见表5-2。

表5-2　高校青年教师职业体验中认知词汇的描述统计

类型	词汇例子	N	均值	标准差
洞察词	了解、恍然大悟、体会	96	7.77	11.76
因果词	引起、使得、变成	96	3.45	5.63
差距词	不足、纳闷、期待	96	5.56	9.22
限制词	废止、不准、规则	96	1.52	3.47

续表

类型	词汇例子	N	均值	标准差
暂定词	大约、未定、差不多	96	7.53	13.12
确切词	不容置疑、必然、保证	96	2.64	5.34
包含词	包括、附近、添加	96	10.05	17.66
排除词	取消、但是、除外	96	9.54	13.37

LK（高校青年教师）：每年的项目申报季就是一场高校教师的"有奖吹牛大赛"。

评论1：哈哈哈，本质了！

评论2：吹而优则是！

评论3：都来吹一吹呗，万一中奖了呢?！

在这些描述中，值得注意的有四点。

（1）差距词人均提及5.56次，由此可见，教师职业体验中存在差距感和不满足感。其中，差距感主要与工作词有关，集中在发展平台、升职空间及科研项目等方面；不满足感与工资词相关，可见高校青年教师面临较大的生活压力。

WXT（高校青年教师）：某"211"高校，属于某局直属。本科学心理的，毕业于北京心理学专业排名前三的高校。博士生。就职的高校课题申请存在论资排辈，不过机会还是有的。悲催的是没有启动经费，而且教学任务比较重。最心酸的，木有房子，只有集体宿舍的一个床位。工资属于中下水平，省吃俭用的话能养家糊口。不推荐男生，否则养家都有点吃力。

YZQ（高校青年教师）❶：我来北京工作三年了，最近合同续签了，工资涨了一些，但是职称没变。总之，在一线城市的一流大学工作，你如果没有国外名校学历，海归加上"青年千人"等头衔，那么你只能从助理研究员开始慢慢熬，工资、福利、待遇比起海归的低一截，各方面压力山大。

---

❶ 在国内高校工作是一种什么样的体验[EB/OL].(2016-02-02)[2017-03-01].https://www.zhihu.com/question/24421875/answer/27860871.

NM8（高校青年教师）❶：国内博士。

工作辛苦，青年教师尤甚。完全不是上学时认为的几节课一上就没事了。教学、行政、科研、项目，都是大山。特别是行政事务，教师是乙方。

时间自由，工作完全融入生活，所谓的暑假、寒假其实假的含义不大。

我的收入一般，比不上同班大部分非高校工作的同学，生存压力会挤压掉科研兴趣。

工作两年，我最大的感受就是累。曾经有过凌晨三点钟睡觉，早八点还要上课的事件。不过各行都不容易，相对来说，高校教师处于中上，但和超过20年的寒窗苦读投入不成正比，拿的钱虽然比企业少，但是人际关系氛围比企业好。

（2）限制词的词频人均高于1次，可见限制感普遍存在于教师职业体验中。限制词主要出现在教育管理和行政干预层面。

S（高校青年教师）：知识分子从高校产生，这个渠道选择没问题，但是高校本身有问题：第一，引入竞争机制是对的，但考核方式太急功近利，这样做有问题；第二，科研和行政分工是对的，但高校官员和科研学阀获利甚多，由此而引发的"学而优则仕"的风气是有问题的；第三，高校走出"象牙塔"是对的，但是丧失独立性和纯洁性是有问题的。

NM9（一枚"青椒"）：最近在犹豫过完年后换工作。国内高校对教师和学生的发展都有约束，几乎都是人为因素。青年教师今日的劳动所得，与前期所付出的昂贵的教育成本严重不符，在大城市生活之困窘因为房价居高不下而显得更加突出。如果说对高校教师这个岗位还有留恋的话，那么便是对教育事业与生俱来的崇拜、对大学校园迟早回归初衷的幻想，以及对寒、暑假短暂自由的不舍罢了。

（3）人均暂定词的词频高出确切词词频4.89个，可见教师虽然表述了很多职业认知，但这些认知在个人体验层面仍不够肯定。这与研究材料的

---

❶ 在国内高校工作是一种什么样的体验[EB/OL].（2015-06-16）[2017-03-01].https://www.zhihu.com/question/24421875.

来源也有关系,实名平台上的回答确实比较隐晦,语言表达隐约而婉转。

(4)包含词和排除词数量接近,反映出高校教师职业体验中的两面性或者矛盾感。

NM10(高校青年教师)❶:一般家庭条件较好、爱人收入高的女老师,比较适合在高校工作。大家都是吃五谷杂粮的社会人,自己可以清贫,但不能对不起老婆、孩子。尽管这样,对待教学和学生,要坚守起码的良心和尊重,保持职业道德。

SWX(高校青年教师):我一般不喜欢参与各类"'青椒'诉苦大会"。我喜欢关注起点高、运气好、意气风发的人,而不喜欢关注水平低和不幸的人。不过,也必须仁慈地承认一下很多回答里的吐槽是实情,不完全是水平低、运气差的结果。

四、情绪体验以正向情绪为主,情绪冲突典型

高校教师的职业情绪体验以正向情绪(如信心、满足、祝福等)为主,正向情绪词65%,负向情绪词35%,如图5-4所示。

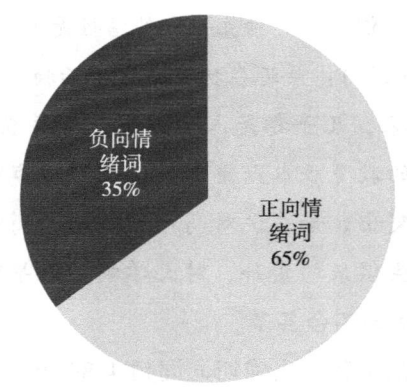

图5-4 "大学教师为什么不找别的工作"答案的词汇分析

---

❶ 在国内高校工作是一种什么样的体验[EB/OL].(2015-02-08)[2017-03-01].https://www.zhihu.com/question/24421875/answer/39109441.

WDXX（高校青年教师）[1]：两口子博士毕业，目前的生活状态是我们这30年来最轻松、压力最小的时刻：有一份体面的工作，工资比上不足、比下有余，做这些事都是我们心甘情愿的，同事们也都比较友好。同龄的同事们在一起共同话题很多，整体的工作气氛都很和谐、融洽。总之，现在生活就是各种满意和开心。

正向情绪词与工作词（$r=0.89$, $p<0.0001$）、成就词（$r=0.88$, $p<0.0001$）和金钱词（$r=0.72$, $p<0.0001$）呈非常显著的高度正相关。

HRBJ（高校青年教师）：首先是成就感。你自己每天都在和这个世界上一批从事最精尖科技的聪明人竞赛，而当你的脑洞大开，想到了一个方法比他们的还要好的时候，那种成就感是无与伦比的。目前，我手头有八篇论文准备投，其中还有一篇准备投 Science。这种牛气的既视感太过瘾、太有成就感了。

在负向情绪词（如担忧、猜疑、报复等）中，排在第一位的是悲伤词（如心痛、沮丧、无力等），人均提到0.65次；其次是生气词（如可恶、破坏、抱怨等），人均提到0.52次；排在第三位的是焦虑词（如不安、挣扎、紧绷等），人均提到0.35次。

在负向情绪词中，与焦虑词相关最高的是成就词（$r=0.62$, $p<0.0001$），工作词（$r=0.57$, $p<0.0001$）、限制词（$r=0.57$, $p<0.0001$）和差距词（$r=0.55$, $p<0.0001$），可见成就、工作、限制和不足是引起高校教师焦虑的主要因素。

JY：学院年会，不知道为啥一开会，就让我满满负能量，满眼都是各种数量、发表文章等级数量印出来，跟小时候期末考张榜似的，就差没请家长了……真想做做各种卡方检验和方差分析，真的有显著差异吗？高校教师做学问和教学都是分内之事，但是现在感觉到的不仅仅是压力，还有各种浮躁。

---

[1] 在国内高校工作是一种什么样的体验[EB/OL].（2016-06-24）[2017-03-01]. https://www.zhihu.com/question/24421875/answer/107539365.

NM11（高校青年教师）：老区落后二本院校弱势专业青年教师，去年博士毕业，至今工作将近一年。同事平时也不常见，除了上课就各忙各的，也没什么浓厚的学术氛围，想搞科研得全靠自觉。前段时间，大家忙着申请各种课题，但大多数人都折戟沉沙，估计还是自己能力不够。课不多，但想把课上好，备课会花挺多时间，然而并没有什么用，学生不爱学，都在忙着考证和考研。我每次上课都是唱"独角戏"，分外的煎熬，只能自我安慰，就当锻炼心理素质了。

与生气词相关最高的是洞察词（$r=0.48$，$p<0.0001$）、工作词（$r=0.36$，$p<0.0001$）和休闲词（$r=0.35$，$p<0.0001$）。

NM12（高校青年教师）：某日我参加同学聚会，发现其他四人都是开车过来的，只有自己乘公车赴宴。我心里不由得发问——是不是自己做错了什么？当我和一位师长谈起此事，他安慰我说："你将来会比他们发展得更好，虽然起步晚点。"言下之意，我过去的确做错了什么。

NM13（高校青年教师）：教学上基本上也很难有成就感，我上的最后一堂课大约是在两年前吧。你永远不会理解学生的下限在哪里，他们智商或者说责任心的征途真心是星辰大海，这个层次的学生也不会认真考虑课程的必要性，因为他们从来就没有认真学习过，哪怕一年。

与悲伤词相关显著的是家庭词（$r=0.233$，$p<0.0001$）和健康词（$r=0.231$，$p<0.0001$）。

NM14（高校青年教师）：说多了都是泪，我很少有时间带孩子，更没有时间照顾自己，估计会早死很多年，或者累到猝死。

值得注意的是，正向情绪词与负向情绪词在数量上相关显著（$r=0.65$，$p<0.0001$），可见表达正向情绪的教师同时也表达了较多的负向情绪，反映了教师职业体验中的情绪冲突。

五、职业社会性体验以对集体的感受为主

样本中的团队词汇（如同事、成员、大家、我们、他们等）显著多于

个人性词汇（他、我等）。可以推测，高校教师的职业社会性体验表现出明显的集体文化特点，较少涉及个人在社会群体中的感受。前面较多讨论了高校教师对职业本身和管理制度的体验，在这部分，我们将一个师生冲突的案例作为教师职业社会性体验的代表进行分析。

案例3 被学生围攻的"青椒"之"布衣之怒"[1]

一位青年教师的学期最后一次课上，除了几个学生抬头听课，大都是低头玩手机、睡觉或者窃窃私语的。出勤学生一致胁迫教师"划重点"，且方式颇有挑衅性。

教师据理拒绝后，受到学生侮辱性的人身攻击。更可怕的是，同行同事对学生的这种无理要求持妥协态度，反倒讽刺这位认真的教师"不懂事"，并建议该教师把重点放在自己的职称发展上。

上述案例3在科学网、小木虫、新浪微博等都有大量的转载和评论，是"青椒论坛"中比较活跃的话题。在这个案例中，尽管有高校青年教师自身的问题，但除此之外，一定还有学生和管理方面的缺陷。值得注意的是，一流大学的教师努力提升科研水平和研究能力，二流大学的老师努力提升教学能力，三流及以下大学的老师在做什么呢？由于高校扩招，当前的生源质量与高校青年教师读大学时的生源质量差距很大，对三流及以下大学的老师来说，既没有满足好奇心的科学研究平台和机会，也难有"得天下英才而教之"的职业成就感，曾经学霸的他们所面临的挑战也需要引起重视。

综上所述，高校教师的职业体验真可谓苦辣酸甜，但不乏理性客观。虽有一地鸡毛，但是依然要高歌理想，依然要探索真知，痛并快乐着，这并非虚言。

---

[1] "青椒"之"最后一课" [EB/OL]. (2016-12-16) [2017-03-01]. http://blog.sciencenet.cn/blog-498457-987906.html.

第四节　高校青年教师如何破茧而出——路在脚下

高校青年教师的成长不仅关系到这个群体的福祉，而且更可谓攸关中国高等教育的未来。一方面，相关管理层面要捋顺关系、建立有效机制、有效激励、去行政化等；另一方面，高校青年教师当自强。本节从互联网和社交网络平台选取了部分高校青年教师反省自励的思考，撷英采华，且作共勉。

一、如何不逃脱消沉——稳定工作不意味着放弃追求梦想

从访谈和互联网平台信息可见，高校青年教师的职业动机主要是"因为喜欢"，属于内源性动机，职业理想的维持强度和指向性都比较有力；而且职业体验略有噪声但主旋律向上，大多数高校青年教师在顺应环境的基础上"为所当为"，实现个人价值的同时追求教育理想。

值得注意的是，虽然高校的人事制度不断改革，但相对来说，高校教师职业"稳定"的优越性显著，这有利于高校青年教师潜心教书育人，但也可能会造成"居安忘忧"，甚至产生混日子的心态或状态。

Z：老师什么都知道，但到头来还是一个老师。

上述 Z 老师的感受比较普遍。笔者以为，一个高校青年教师首先要做好"教书匠"，在此基础上，还要超越匠人，向着"兼济天下"或"先天下忧"的知识分子的方向发展。

二、脸上的粉笔灰不能遮挡光芒，生活的艰辛不能阻止内心的渴望

当下的高等教育制度并不是完美的，但高校青年教师却能"顺其自然，为所当为"。

当前高校教师的待遇并不是最理想的，但多数青年教师在职业选择初期对这一点就有了取舍。正如老师们所说："高校的生活并不局限于物质生活，很多时候，更多的可能是精神世界的认同和归属感。"

从访谈和互联网平台中，很多青年教师的真知灼见非常值得仍处在困惑中的高校青年教师学习。

S：最讨厌碰到一点压力就把自己变成不堪重负的样子，碰到一点不确定性就把前途描述成黯淡无光，碰到一点不开心就把他搞得似乎是这辈子最黑暗的时候。

A：尽管目前外部环境不甚理想，与其整日抱怨，不如多想想自己的修为。作为一名高校青年教师，工资虽低，但体面的生活尚可维持，而且享有教育、医疗等若干福利，在某种意义上，教师的各方面待遇都非常好。国内的科研经费自然比不了美国，可相对容易得到批准。说到底，现在高校的软、硬件设施比西南联大优越得太多了，可我们又做出多少成绩？除了诸事缠身，我们未能专注于学术工作，这恐怕也是重要原因之一。

古语说："势利纷华，不近者为洁，近之而不染者尤洁；机械智巧，不知者为高，知之而不用者尤高。"高校青年教师须在价值多元、拜金盛行的背景下追求尤高尤洁。

三、专注教学科研，加强自我修炼——"坐冷板凳"埋头读书

大多数青年教师的质量意识还是很强的，练"内功"也是大多数人的实践选择。

LG（高校青年教师）❶：在校当老师，要给自己规划好，不要被学校的"大染缸"浸染。现在学校的改革在加速，很多不正常的现象都会改变，要

---

❶ 在国内高校工作是一种什么样的体验[EB/OL].(2016-01-15)[2017-03-01].https://www.zhihu.com/question/24421875/answer/54696714.

学会用自己的能力给自己"定价",而不是让职称给你"定价"。

如何坐得住"冷板凳"？北师大青年教师田方萌的建议颇具建设性。他说:"回到身份焦虑的问题,'敢将十指夸针巧,不把双眉斗画长'学术事业自有其趣味和价值,青年教师不应在空间上与同辈比拼,而应在时间上向前贤看齐。这不仅有助于缓解焦虑,而且也将促进士林重振学风。"

而中山大学老教授作为过来人,他寄语青年教师:"人在江湖,难免随波逐流；钻进小楼,只管自成一统。建议后辈们抱着'千山我独行,何必相送'的态度,在体制内争取自我边缘化。怕是要多读些圣贤书,练就这等淡泊名利的功夫。"

这些建议和寄语,鼓励着高校青年教师胸怀理想、不畏窘迫,可谓脚下之路即超越之路。

作为高校教师,本章研究者有幸在《高校教师心理特征》课题的研究过程中反思自己和观察同行,寻找正能量和破茧而出的路径是我们研究的宗旨。感谢访谈对象给予我们的帮助和支持。毋庸讳言,在这个时代,高校教师的奋斗依然是价值高于生命的奋斗,高校教师的奋斗依然是理想大于利益的奋斗,高校教师的奋斗依然是用燃烧自己去换来明天更美好的奋斗。

第六章　高校青年教师心理问题解决策略

　　青年教师是高校师资队伍的重要组成部分，是关系学校人才培养质量和社会影响力的重要因素。青年教师的心理状况直接影响教师教学质量、教科研水平和社会服务能力，应予以重点关注。青年教师的培养是一项艰巨复杂的工作，要根据青年教师工作和生活的典型特征和所面临的问题，客观分析、制定规范、完善机制、提出对策，帮助青年教师适应教师的职业环境，以阳光、健康、积极和向上的心态教书育人，成为时代要求的有理想信念、有道德情操、有扎实知识、有仁爱之心的"四有"好教师。

　　从调研反映的情况看，高校青年教师心理健康状况总体是好的，但受社会环境和自身心理素质等因素的影响，也存在一些需要关注的问题。当代高校青年教师的世界观、价值观和人生观具有鲜明的时代特征。例如，高校教师普遍具有高学历，接受过多年的学校教育，并具有一定的科学研究经历。在信息社会的环境下，知识和信息量极大丰富，因此他们更加注重学习知识和提升与技能，并注重取得各类社会认可的资格、能力类证书。在这一社会背景下，高校青年教师体现出乐于展示自我能力、渴望自我价值实现，希望得到社会的高度认可、尊重、理解和信任。同时，高校青年教师受到来自教学、科研、职称和收入等多重压力。虽然在日常教学工作之外，他们拥有较多的自由支配时间，但也存在很多隐形的工作任务，他们因此需要承担较大的心理压力。

第一节 聚焦高校青年教师心理问题来源

根据本课题的调查结果，高校青年教师由于处于特定的年龄阶段，因此在从事教师职业的过程中，表现出对未来心怀恐惧、对成年早期的过渡性不适应、紧张和焦虑等问题。问卷调查结果显示，被试的高校青年教师心理发展水平只达到"中"和"及格"的水平，离"优良"尚有差距；存在的发展问题较多，自我感觉心理健康状况不太好的被试占20.8%。大部分的高校青年教师面临着从学生到教师角色的转换，普遍缺乏教学和科研经验，在面对日益繁重的教学、科研和学生管理等多头绪工作任务时，容易出现现实与理想之间的差距，从而使部分青年教师的自信心受到打击，同时对自身的知识和能力产生怀疑。如果它们得不到及时调整和改变，长此以往就会对青年教师的心理健康产生影响，并上升为各种心理问题，而困扰青年教师的正常工作、学习和生活。

除此之外，影响青年教师心理健康的因素还有很多。例如，在本课题的问卷调查中，2/3的青年教师认为，自己的压力非常大和比较大的被试中，压力源排序从高到低为"职称评定""经济压力""自我实现""考核与评比""教育对象""学历提升""人际关系""家庭关系和感情压力"等。综合来看，高校青年教师的心理问题的来源主要体现在以下方面。

一、来自教师职业特殊性的社会压力

教师作为一种特定的职业，是人类社会发展到特定历史阶段的产物，是使人类从最初的家庭教育过渡到学校教育的主要执行者，承担着使人顺利完成社会化的重要职能。1993年颁布的《中华人民共和国教师法》把"教师"界定为履行教育教学工作的专业人员。学校教育的体系化、系统化都要求教师必须经过专业的学习和知识技能储备，这只是一个最基本的条件，而教育环境与教育对象的特殊性，使教师职业时刻面临着挑战。一方面，随着社会经济的发展，尤其是教育技术手段的变革，要求教师不能停滞不前，需要他们在教学的同时不断学习、提升、改变和创新；另一方面，教师面对的教育对象是一个个具有不同特征的个体，因此对教师整体素质与能力的要求也在不断提高。教师不但要传承知识，而且还要能够传播文化、树立信仰、塑造人格，多重使命构成了教师职业的特殊性。

高校青年教师作为从事教学工作的专业人员，除了组织学生开展教学活动之外，还需要他们从事备课、教学研究、科研项目、学生管理等脑力劳动。这些工作需要占用教师大量的时间和耗费大量的精力。由于教师需要实时面对学生群体，只有采用最新的教学方法和手段组织教学，才能达到理想的教学目标与效果。因此，教师工作需要体现出一定的创造性和前瞻性。这种较高的职业要求不是暂时的，而是持续存在教师的工作过程中，因此容易给高校教师带来较大的工作负荷。尤其是青年教师由于缺乏工作经验，更容易出现心理压力和职业倦怠感。

在当前的社会背景下，随着新兴的教育理念的兴起、网络技术的发展、教学方法与手段的极大丰富，这些都给传统的知识体系和教育教学模式都带来了巨大的冲击。社会、学生和家长对教师的期望和评价指标也都发生了相应的变化。尤其是对于高校青年教师来说，他们在社会经验并不丰富的状态下，既要承担知识传播者的责任，又要完成教书育人的重要社会使命，还要承担教学和科研任务，很多青年教师同时还要承担学生的辅导与日常管理任务。多头绪并存的工作状态和高强度的工作任务不仅给青年教师的心理带来了很大的压力，而且也增加了高校青年教师的精神负担。

同时，不断革新的教育理念和教学方法对所有的高校教师而言，既带来了挑战，又带来了压力。而高校的教学改革往往先从青年教师开始施行并逐步推广，因此高校青年教师总是身处高校教学改革的最前沿，也面临着更大的压力。社会和政府应该尽可能地为高校青年教师发展提供良好的外部环境和政策保障，减轻其心理压力，让社会、家长和学生对青年教师增加更多的理解和信任、包容与支持，让社会、家庭和学校联手，共同完成人才培养的重要使命。

二、来自教师价值评判的环境压力

　　社会是教师生存与发展的大环境，而高校则是教师生存的小环境，因此对教师施加的影响也就更为直接和重要。高校对教师的管理制度、对教师工作业绩的考核机制、对于教师个体价值的评判标准都会直接影响教师的幸福感和自我认可度。

　　随着我国高校教学改革的逐步深化，教师考核评价的标准也在逐步完善，但现有的考核评价制度仍存在重数量、轻质量、重科研、轻教学的不良倾向。例如，在教师职称评审、评优推荐时，更多采用的是教师申报科研项目数量、发表核心期刊论文数量、承担的课程教学工作量等数量化指标，而对于教师职业价值、专业认知水平和教学质量等内涵性指标所占比重却都很低。这对于承担着巨大的工作压力的青年教师来说，又增加了一种心理压力的来源，青年教师在工作中很容易产生不公平感，长此以往就会挫伤其工作热情与积极性。

　　青年教师在入职初期存在个人角色的转换，而高校对于教师个体价值的评价标准将成为影响青年教师未来成长与发展的重要指向标。过分倾向于数量化的外在性评价指标，将促使青年教师急于求成、急功近利，同时也会在其入职初期就背负巨大的心理负担。因此，高校的综合环境就成为影响高校教师工作状态和心理状态的重要因素。青年教师只有在公平、开放、轻松和自由的氛围中，才能形成职业认同感和自豪感，也才能充分发挥其专业才能和创造力。青年教师在入职初期顺利地完成其角色转换，能有效降低其心理压力。在考核评价标准上，如果可以对青年教师的评价采取定量与定性并重的方式，着眼于教师的未来发展，根据青年教师的个人特征制定切实可行的发展规划，则可有效地将青年教师的心理压力转化为成长的动力。

三、来自自我预期实现的个体压力

在当前社会巨大的竞争面前，大部分高校青年教师毕业于知名高校，接受过多年良好的学校教育，在就业过程中经过层层选拔，并最终脱颖而出，进入高校从事教师职业。因此高校青年教师群体普遍对自身认可度较高，同时对自身期望值也相应较高。但是这种高预期往往更容易与现实形成反差，因此使他们在工作初期容易产生心理落差。如果青年教师在角色转换过程中未能客观对自我岗位适应能力和个体综合素质进行定位，那么一旦在工作过程中遇到困难，未获得自身预期的成绩，以及领导和师生的认可，就会产生失望悲观的情绪，此时他们如果不能始终保持良好的心态，那么就极易产生心理问题。

在面对众多新的同事、导师、领导和学生时，青年教师还需处理好各种人际关系。如果在新的环境中没有获得有效的情感沟通和心理支持，便会产生一定的心理负担，从而产生困惑、失望、悲观和焦虑等负面情绪。在与人交往过程中还会出现紧张、不安等情绪，影响教学工作的顺利开展。

由于青年教师刚刚踏入社会，收入还处在较低的水平，同时他们还承担着组建家庭、购买住房、赡养父母等诸多责任，这就会使青年教师在职业使命之外，承担来自社会环境和生活的双重压力，无形中也增加了他们的心理负担。

因此，社会应不断优化整体环境，逐步提高高校青年教师的社会地位和职业认同感，同时提高教师的经济收入和生活条件保障，为青年教师减轻生活负担和经济压力。高校应探索建立系统培养机制和激励机制，不断提高青年教师的工作动力和热情。而青年教师则应树立对教师职业崇高的认识和对自身的准确定位，提高对环境的适应能力和自我调整能力，合理确定发展目标。同时，青年教师还要学会从学生到教师的角色转变，包括思想品质、工作职责、学习能力的提升等，要确定科学的个人职业发展规划，防止产生心理落差。另外，青年教师还需要尽快适应新的工作环境，与人为善，谦虚好学，为自己的职业发展和进步营造和谐的氛围。青年教师还应建立良好的人际关系，在与同事、学生和家长的交往中获得理解、支持与信任。通过自我调节，缓解心理压力。

综上所述，高校青年教师之所以会出现各种各样的心理问题，是多方面因素共同作用的结果。其中，既有来自整个社会环境和高校的影响，也有来自青年教师个人综合素质的差异性影响。适当的压力会催人进取，获得突破，但是过度的压力也会给人的正常生活带来困扰，甚至影响人的身心健康。此外，心理压力对健康的负面影响是一个日积月累的过程，具有一定的滞后性和隐蔽性。心理压力过大会体现在个体的日常行为中，并直接影响身边的家人、同事和朋友。例如，教师的职业倦怠，还会影响到学生的学习和成长。

因此，关注并解决高校青年教师的心理问题，维护高校青年教师的心理健康，提升高校青年教师的幸福感，应该受到全社会的高度关注。同时，这也需要社会、高校和青年教师三方面的共同努力。社会环境要优化，高校机制要健全，青年教师个人要积极应对，这才是解决高校青年教师心理问题的应对之策。

第二节 关注职业价值实现与社会认同感
——社会环境的改变

高校青年教师作为一个特殊的群体，在他们身上所折射出的心理问题，均能找到现实社会的影响因素。因此，针对高校青年教师心理健康的调适策略，也应从社会角度加以研究。

在高校及其教学质量越来越受到全社会关注的今天，高校青年教师的心理压力也与日俱增。如果没有优良的社会环境和社会保障机制，就无法有效地解决高校青年教师的心理问题，高校的教学质量问题也就无从谈起。高校青年教师与人才培养息息相关，因此也受到每个学生家庭的高度关注。

从社会环境的角度来看,首先应该营造支持与信任高校青年教师的氛围,让他们享有相应的社会地位和良好的经济待遇,获得社会的尊重与认同。社会要引导大众正确认识教师的价值,为青年教师创造良好的发展空间,激发其潜力。同时,社会还要针对高校青年教师的心理问题,制定专项计划,有针对性地解决他们的心理问题,将心理咨询与辅导落到实处。

一、营造信任与支持高校青年教师的社会环境

营造良好的社会环境是青年教师成长与发展的前提,同样也能够对他们的心理健康发挥重要的促进作用。要有效地避免及解决高校青年教师的心理问题。

第一,要使他们获得全社会的信任与支持。一方面,社会要通过广播、电视、网络等多种媒体,积极传播"尊师重教"的良好风尚和青年教师积极向上、传播正能量的典型事迹,让广大教师感受到自身职业的崇高性和对于人才培养和知识传承的重要性。另一方面,政府相关部门要不断完善相关法律、法规和制度,加强对教师利益及其个人权益的保障,使教师能够依据工作规范严格工作管理,解除其后顾之忧。

第二,政府相关部门必须进行系统调研和科学研究,建立从青年教师入职到发展初期、中期、后期等不同阶段的职业标准,并形成相应的固定流程和标准程序,科学规划青年教师的职业生涯,使青年教师人尽其才、人尽其用。从高校青年教师入职开始,应该主动采取措施减轻其可能出现的各种心理问题。

第三,整个社会在青年教师提出高标准、高要求的同时,也要关注其生存状态和生活状况。要支持高校为青年教师营造温馨和谐的工作环境,让青年教师感受到尊重与理解,感受到社会对他们生活和工作的关心和支持,使他们消除生活和工作上的后顾之忧,全身心地投入教学等工作。

正如马斯洛所说:"人的种种需要一旦受挫,就会使人产生自卑感、软弱感和无能感,这些又会使人失去基本的信心。"作为教师,职业的精神价

值与最终的回报不尽如人意，就容易导致心理失衡。高校青年教师的心理矛盾在很大程度上是教师角色矛盾的心理投射。因此，从整个社会环境入手，自上而下，倡导良好的社会风气，加大教育投入，能从外部的角度减轻高校青年教师的心理压力，避免高校青年教师心理问题的发生，保证高校青年教师以认真的态度、饱满的热情、拼搏的精神和创新的作风投入教学、科研等工作中去。

二、提高高校青年教师社会地位和经济待遇

职业的社会地位往往与其经济地位和职业认可度有直接的联系。而社会地位的高低又直接影响着职业对社会人群的吸引力和关注度。教师这个职业在社会长期发展过程中，逐步被大家所认可与尊重，尤其是我国历史上就形成了尊师重教的良好社会风气，但在当今时代，由于人们价值观呈现多元化发展，高校教师的社会地位也遇到了挑战，高校教师尤其是高校青年教师的经济待遇与经济发展和物价水平相比，还处于并不理想的境地。因此，高校青年教师的经济压力在入职后很长一段时期内都明显地存在。因此，提高高校教师尤其是高校青年教师的社会地位和经济待遇，也是解决其心理问题的重要举措之一。

社会地位的提高需要国家在政策上予以落实保障，要给予相应的倾斜，要通过法制化的手段，将教师的待遇落到实处。一方面，政府相关部门要定期走访高校，开展广泛的座谈和调研，了解和掌握高校青年教师的生活和工作现状，并依此制定相关政策，改善其工作环境和生活条件，调动高校青年教师工作的主动性和积极性。另一方面，要出台相关政策，支持和引导高校开展工资改革，提高教师的经济待遇。要让全社会在关注教育质量的同时，更加关注高校青年教师及其生存状态。

综上所述，通过提高高校青年教师的社会地位和经济待遇，能够有效地提升其职业认同感和职业幸福感，减轻其心理压力，减少其心理问题的发生。

三、促进社会对教师职业价值的充分认识

教师的职业意识和职业责任感,不仅来自教师个人,而且也来自高校,来自学生和家长,更需要来自整个社会对教师职业价值的充分认识和理解。国家应将教师职业的价值与社会个体的成长,以及整个国家的发展有机联系在一起,让全社会意识到教师职业的崇高性及其特殊的职业使命。

这一认识需要经济投入,同时更需要构建政府指导与学校自主办学相结合的政策法规体系。近年来,我国对教育事业的投入虽然逐年增加,但地方高校和经济欠发达地区高校的情况却不容乐观。因此,国家应采取切实有力的措施,加大对部分地方高校和经济欠发达地区高校的重视和教育经费的投入力度,使高校青年教师的合理预期能够得到满足。各级政府应在预算中大幅增加用于高校青年教师发展和入职后系统培养和培训的经费。

政府还可以在投入经费的基础上,引导高校完善并逐步建立引导青年教师发展的专门机构;设立"高校青年教师建设专项",并推出"高校青年教师示范发展中心",带动更多的高校重视青年教师的成长和发展。要鼓励条件好的高校承担青年教师专项培训的国家级培训任务,让更多的青年教师接受教师职业化培训,享受到高端的教学和科研资源。要为高校青年教师创造宽松和谐的社会环境,以减轻他们的工作压力与心理负担,努力为他们创造弘扬教师职业价值的社会氛围。

四、建立"高校青年教师心理健康专项工程"

近年来,教育主管部门开展了教师队伍建设尤其是青年教师系列项目建设,对于改善教师工作和生活环境,提升教师培训水平,都发挥了重要的促进作用,但对于青年教师心理健康的专项项目则较为缺乏。教师的心理健康问题在一定意义上更容易引发群体性的影响。国家重视教育,重视

教师群体，同样应将高校青年教师的心理健康作为一项关乎国计民生的大事来对待。

为了更加有效地解决青年教师的心理问题，建议从社会层面启动"高校青年教师心理健康专项工程"。由政府相关部门牵头，引导高校投入专项资金，开展针对青年教师心理健康问题的专项研究，并开展系列教育和培训活动，引入心理健康方面的专家，为青年教师提供团体辅导和个体化服务，以对高校青年教师的心理健康起到预防和预警作用，同时对已经发现的教师心理问题进行科学指导和有效化解。

第三节　为高校青年教师搭建身心健康成长与发展的平台——高校的系统保障

与社会环境相比，高校对于青年教师的影响更为直接，对于青年教师的成长与发展也更为重要。因此，高校必须充分关注这个群体的心理状况，并提供系统化的保障，为青年教师搭建身心健康成长与发展的平台，营造良好的工作氛围，并及时采取各种措施，缓解青年教师的心理压力，解决青年教师的各种心理问题。同时，还要通过开展丰富多彩的文体活动，沟通教师间的情感，优化校园人际关系，让青年教师在温馨、和谐的氛围中工作。要搭建平台，为青年教师的学习和深造创造机会，让他们对未来的职业发展充满期待。高校要结合青年教师的实际心理状态，做好专业的辅导与疏导。高校还要优化和完善考核考评体系，激励青年教师踏实进取、不断开拓创新。

一、强化青年教师的职业理想和职业道德

教师的职责是教书育人，教师的典型职业特征是以人格培育人格，以灵魂来塑造灵魂的劳动形式。要履行好这项职责，首先要有崇高的职业理

想，并具有良好的职业道德。因此，对于相对缺乏教学经验的青年教师来说，强化职业理想和职业道德就成为其顺利完成职业使命，并保障其具有良好、健康心理状态的前提条件。

高校应通过多种形式，不断提高青年教师的政治素质和职业道德，使青年教师对教育事业和教师职业充满热爱与崇敬。教学工作是一门科学，存在特定的规律，需要青年教师在教学工作中不断用心探索。同时，教学工作又是一门艺术，每位青年教师都要在教学实践中不断探索总结，建立自己的教学特色和教学风格。因此，青年教师不仅要敬业，而且要精业，要刻苦钻研业务，探索教育教学规律。只有这样，他们才能在教学过程中得心应手，逐步实现其职业理想。

高校要将师德建设作为青年教师培养的重要内容，要让每一位青年教师认真领会和贯彻落实《高等学校教师职业道德规范》，引导他们树立崇高的职业理想，遵守教育教学规范，严守讲台纪律，为人师表，教书育人。学校还要通过开设专题讲座、师德先进人物评选、师德一票否决等方式，强化师德在教师职业中的重要性，同时激励青年教师积极投身教育事业，尽职尽责地做好本职工作。

二、重视青年教师的专业发展和职业生涯规划

青年教师完成从受教育者到教育者的身份转换后，不是对于过去经历的终结，而是其专业领域的延伸和提高。而在这个过程中，由于教育职业的特殊性，需要伴随教师的职业终身。因此，要保持青年教师良好的心理状态，必须高度重视其专业发展和职业生涯规划。这样可以有效地避免其在职业生涯的起步阶段，面对社会的剧烈变革和信息技术的发展而感到应对不足，缺乏清晰的工作目标，迷失自我，陷入发展的困境。

专业是青年教师发展的基础和立身之本，从事教学和科研工作的过程，也是青年教师不断巩固和拓展其专业知识和技能的过程。关注青年教师的专业发展，就是要求高校为教师提供学习、交流、培训和挂职锻炼等多种

发展和学习机会，促使其在学校专业教育的基础上，不断提升专业水平。关注青年教师的专业发展，也就是关注青年教师的教学质量和学生的学习成长。

另外，高校要做好青年教师职业生涯规划工作。很多心理问题存在的根源，就在于青年教师缺乏对其未来职业生涯的设计与关注。教师职业变成了获得教师职业资格认证后的日复一日的工作，长期便会产生职业倦怠和厌烦情绪。针对这种现象，高校应从学校发展和教师发展"双赢"的角度出发，从青年教师入职起，就引导他们开展职业生涯的规划和指导工作。

关注青年教师的职业生涯，也就是关注青年教师未来的发展和期望，对其心理健康水平有着重要的影响。因此，高校要聘请相关的专家、学者，通过集中讲座、个体辅导等形式，帮助青年教师树立清晰的职业发展目标，增强青年教师的工作动力，帮助青年教师挖掘自身的发展潜力，体会自我价值的实现，从而提升青年教师的职业认知度和职业幸福感。

三、做好青年教师的心理健康服务和问题疏导工作

通过各方面调查结果分析，在高校青年教师群体中，部分人存在一定的心理困扰或心理疾病，其心理健康整体状况不容乐观。在这种形势下，高校应该直面现状，高度关注青年教师的心理健康状况，开展心理健康教育活动，并为青年教师开展心理咨询服务和问题疏导提供条件。

本课题问卷调查结果显示，只有2.6%的被试在有心理困扰时愿意找心理咨询师倾诉。他们更愿意通过转移（做自己喜欢做的事情83.2%）和宣泄（找人倾诉41.5%，大吃一顿20%）来缓解压力。因此，高校应该主动介入，通过多种渠道和途径，为青年教师解除忧虑，使他们能够敞开心扉，并愿意主动通过外界的力量来帮助自己渡过心理危机。就目前的情况而言，高校已普遍建立了心理咨询中心。但由于从事心理咨询工作的人多为学校的教师，因此心理服务的主要对象基本上为学生，服务范围还未真正涉及教师群体。即使教师群体中有人有咨询的意愿，但也会因为彼此之间的同

事关系而有所顾忌。要解决这个问题,高校就必须专门针对教师群体建立心理咨询专业组织,并引入校外社会专家资源,在青年教师入职初期开展心理健康测试,为青年教师的心理状况"把脉",帮他们排除心理障碍,定期或不定期地主动为青年教师个体提供心理咨询和心理指导服务,实现问题预警与干预,而不是等问题出现后,再被动地进行处理。

另外,高校应通过系列培训的方式,为青年教师传授正确看待心理压力、客观对待心理问题、合理调节心理状态、科学解决心理问题的技能与技巧,让青年教师通过专业化的学习,能够做到自我认识与自我诊断,以实现自我调节、自我维护与自我完善的目的。

而当青年教师真正遇到生活与工作中的困难,并表现出心理问题的表象时,高校应借助部门工作人员和专家组织的力量,共同合作,积极为教师出谋划策,体现人文关怀,同时介入心理疏导,使青年教师尽快走出心理阴影。在青年教师开展紧张的教学、科研工作的过程中,要把握好时间点,加强与青年教师的谈心和交流,让青年教师感受到来自集体的心理支持和情感支持。

四、营造激发青年教师创造力的工作氛围

德国心理学家库尔特·勒温用"场论"来解释人的行为,认为人的行为是个性特征和环境相互作用的产物,而人的个性一旦形成就较难改变,于是通过环境的改善来改变人的行为就成为一个重要的激励途径。心理学的研究表明,个体在良好环境下更有利于产生愉悦的心情,进而提高工作效率。

因此,在教师的日常工作中,高校可以通过营造良好的工作氛围,让教师时刻感到学校对自身的关怀,时刻感受到心情愉悦,以此来化解其心理压力。高校还应注重改进教师的教学环境和工作环境。校园环境的改变,将为青年教师在紧张的工作氛围中营造良好的心境提供保障,从而可以间接促进青年教师心理满意度的提升。根据马斯洛的需要层次理论,人

有生理需要、安全需要、交往需要、尊重需要和自我实现需要。由于高校青年教师基本上都接受过长期的、良好的高等教育，知识储备丰富，并在某个特定的专业领域中有所建树，因此他们在工作环境中更希望满足尊重需要与自我实现需要。高校应根据青年教师群体的典型特征，建立和谐的校园人文环境和青年教师文化活动体系。

首先，高校要为青年教师创造和谐的校园人文环境。要用校园文化感染青年教师，使他们成为学校校园文化体系中的一员，并且要充分发挥青年教师在文化认同与文化传播中的重要作用。要形成大家认同的文化价值观，将青年教师凝聚在一起，为学校的人才培养创造价值。在这种氛围中，青年教师也可以建立起互相尊重、互相支持、互相学习的文化氛围。大家可以在工作中共同进步，并不断增强凝聚力和团队协作能力。

其次，学校要营造激发青年教师创造力的工作环境。高校应在规范青年教师遵循教学规律，科学、有序组织教学活动的基础上，为其提供自由、民主和开放的发展空间。要鼓励青年教师敢于挑战前辈和自我、提出合理的改革思路，敢于创新教学方法，在以学生为主体的现代教育理念下，与学生互相学习、互相启发、互相促进，在与学生交流思想、沟通情感，以及人格碰撞的互动过程中，总结经验，创新提升。高校应通过教学改革项目方式，引导青年教师开拓创新，积极改进教学方法，注重信息社会环境下与学生的交流和互动，调动学生的学习积极性和主动性，激发学生的学习兴趣。高校应不断改善网络技术条件，为青年教师提供丰富的网络教学资源，为青年教师拓展专业领域研究与项目开发提供条件保障与环境支持。

再次，高校要创造顺畅、高效的交流沟通机制，使青年教师能够在工作中与学校领导、系部领导、专业负责人、教师同事和学生等进行顺畅和有效的联系和沟通，以实现其社会交往的需求。在交流沟通的过程中，高校青年教师能够表达观点、消除隔阂、表达利益诉求，从而保持良好的心理状态。

最后，高校还应关注青年教师在教学工作之外，对于个体成长与发展的多样化需求，多创造机会和条件，不断增进青年教师的工作满足感和成就感。要通过多种途径，了解每一位青年教师的专长、兴趣和能力，并根据不同群体的特点，科学、合理分配工作任务。要让青年教师在良好的工作氛围中，获得对自己价值的认可和对教师价值的认同。

五、建立以终身学习为导向的高校青年教师培养机制

教师能够在工作中获得发展和深造的机会，是教师获得专业成长的重要保障，也直接影响着青年教师的心理状态。高校青年教师的培养是一项系统工程，需要学校统一规划，并需要与学校的各项工作统筹开展，需要学校的高度重视和经济条件的保障。对于新入职的青年教师，高校要采取切实可行的培养措施，使青年教师尽快进入角色，掌握教学规律，熟悉教师职责，掌握教学方法，领悟教学技能与教学艺术；熟悉教学和科研方法，分阶段、分步骤地开展学和教科研工作；发挥专业特长，积极从事专业社会服务活动。由于青年教师大多具有强烈的求知欲与上进心，因此高校应充分考虑青年教师的职业发展需求，建立分层、分类的教师培养机制。

关注高校青年教师的未来发展与成长、建立以终身学习为导向的培养机制，是高校解决青年教师心理问题的又一重要举措。其原因是：一方面，高校青年教师所面临的社会和生活压力较大。另一方面，高校青年教师具有不轻易屈服、不断努力提高的年轻知识群体所特有的品质。正是因为具有这些特有品质，高校青年教师才能体现出积极要求进步，积极追求自我发展与自我实现的特征。因此，要辩证地看待高校青年教师的心理压力，它们并非都是心理问题，完全可以转化为激励青年教师的心理动力。青年教师在进入高校后，必须继续持续而深入地开展学习和深造，因此高校青年教师的培养机制就必须体现"以终身学习为导向"的理念。要做好青年教师的培养工作，应重点关注以下四个方面的问题。

第一，实行青年教师导师制。根据青年教师的专业和个人特长，在青

年教师入职之初，为青年教师安排专门的业务指导教师。在导师的指导下，可以有效帮助和指引青年教师尽快熟悉教学环境，掌握教学和科研方法，建立和谐的师生关系。导师要在青年教师开展教学活动的现场听课，并结合教学质量的评价要点对其教学效果进行客观总结与分析，提出问题和建议，并制定改进措施，指导青年教师不断改进、不断提升教学质量和教学水平。青年教师通过与导师的交流、互动和探讨，能够很快适应环境，掌握教学规律，提升教学水平和质量，奠定良好的工作开端。

第二，把好备课源头关。青年教师在工作中，必须学会养成良好的职业习惯。其中，对于教学工作，首先必须做好"备课"这一关键环节。备课的重点在于科学而有效的课程设计和相应的教学资源保障。课程设计的思路要由专业负责人、教研室成员共同研讨、把关，并组织进行说课、试讲，才能进入正式的教学环节。这样做能极大地提升青年教师在第一次开展完整教学活动时的自信心。

第三，做好示范课堂。青年教师由于从事教学工作时间短，而缺乏教学经验和有效的教学组织方法。因此，他们急需向优秀的骨干教师、教学名师等进行学习。高校可定期组织开放示范课堂，并组织青年教师进行集体听课学习。通过学习、研讨，青年教师可以很快从自我摸索向自我创新的方向发展青年教师可以从示范课堂中。科学选取教学内容、优化教学设计、合理安排教学方法和灵活运用教学艺术。这样可以让青年教师尽快找到学习的榜样和进步的方法，增强自我提升的动力。

第四，开展多样化的培训活动。为了保障青年教师的心理健康，高校建立以终身学习理念为导向的青年教师培养机制是非常重要和必要的举措。高校也要适应时代、社会和教育发展的需要，安排多样化的培训内容。例如，既要有专业知识方面的培训，又要有拓展教师综合能力和素质的培训内容，如外语能力、信息技术能力、社交礼仪、文书写作、语言表达、教学艺术和科学研究方法等；既要有教学基本技能的培训，又要有适应时代发展新要求方面的培训，如在线开放课程建设、项目课程开发、教学方法改革、社会服务能力培养等方面的培训等。只有这样，才能激励青年教师不断学习进取，不断开拓创新，将心理状态维持在健康的水平。

六、完善青年教师激励与考核评价机制

当人的某种需要和期望与环境所能提供的条件产生矛盾时，极易导致心理产生落差，直至产生严重的心理问题。根据马斯洛的需要激励理论，要想激励员工，就必须不断满足员工的需要。高校青年教师也存在多种层次和类型的不同需要。因此，要想激励青年教师积极、向上地投入本职工作，就必须不断完善激励和考核评价机制。在制定教师相关管理制度时，要充分考虑到青年教师的工作和心理特征，减轻青年教师不必要的心理负担和精神压力，最大限度地为青年教师创造和实现人生价值的机会和条件。

高校应优化青年教师的成才环境，积极创造有利条件，搭建良好的发展平台，制定激励青年教师拼搏进取、积极向上的奖励机制。调动青年教师工作与学习的积极性，充分发挥青年教师的特长与优势，为高校人才培养、教育教学、科学研究和社会服务贡献力量。要为在提高教育教学质量和科学研究等方面表现突出的青年教师提供晋升的机会，并培养一支优秀的专业、学科带头人和管理干部后备队伍。

要不断探索教师收入分配体制改革，打破平均主义，建立按照教学、科研工作量和工作任务难度系数为基准的绩效工资制。要适当向青年教师倾斜，逐步提高青年教师的工资收入水平，使青年教师的付出和获得能够有效和对等，激励青年教师能者多劳、优劳优酬。要针对青年教师设立教学技能、教学质量、科研突出贡献等奖项，激发青年教师在教学、科研等工作中取得优异成绩，并给予精神和物质方面的奖励。

高校要充分尊重青年教师表达自身利益诉求的权利，吸引青年教师积极参与到学校各个层面的管理工作中，使青年教师树立以校为家、爱校如家的主人翁意识。要积极发挥学校教代会的作用，多听取青年教师的心声和想法。在制定事关学校重大发展改革的问题、关系教师尤其是青年教师

发展的重要制度时，一定要广泛征求意见和建议。同时，要保护青年教师在自身专业领域发展的自主权，即尊重青年教师的学术权力，使青年教师能够在宽松的环境中开展专业研究与创新探索。这也是对青年教师的一种激励。

要不断完善体现教育教学规律和青年教师个体价值的考核评价机制，坚持将师德、教学、科研、育人、成果、贡献等因素统筹考虑，使优秀的青年教师能够通过自身的努力得到认可。现代社会中，教师与学生之间从考核评价角度来看，体现为一种互为评价主体的关系。而学生对教师评价的结果，日益受到各高校的重视，并将其纳入教师教学质量评价的体系中。同时，教师还要接受督导专家、同行之间的评价和监督。因此，高校要制定科学的评价指标体系，合理分配各评价主体权重，要对青年教师多进行积极的评价和科学的指导，使优秀的教师能够更进一步，使教学效果不理想的教师充满自信，努力提升。从心理学的角度来看，就是应满足青年教师在受到尊重方面的需求，认同其优点，发挥其长处，使其对未来的教学及科研等各项工作充满信心。

另外，持续推进教师系列职称评审的管理制度改革，并适当地向青年教师倾斜。根据卡耐基基金会组织的研究表明，总体而言，发达国家的教师已经实现了教学与科研的平衡，表现为投入教学和科研的时间相当。而我国现今的职称评审机制，仍然存在重科研的倾向。高校应该探索改变发论文、出成果等单一的考核评价体系，创建分类职称评审机制，尤其应该鼓励青年教师按照个人特长进行教学型、科研型的选择，并按照不同的发展类型，确立不同的核心考核指标，使青年教师能够在发展过程中有所侧重，从而保证青年教师能够有更多的时间和精力在某一领域和层面取得突破，获得事业成就感，以此激发青年教师脚踏实地、勤奋向上和爱岗敬业。

第四节 塑造良好的人格特征与心理状态
——个体的控制调节

社会和高校都为青年教师创造了信任、支持、宽松、和谐的环境和氛围，有利于青年教师保持良好的心理状态。除此之外，青年教师更应该加强自身的综合素质与修养，合理、有效地控制调节自身的情绪，塑造良好的人格特征与心理状态，有效应对各种问题和挑战。

唯物辩证法认为，事物的内部矛盾（即内因）是事物自身运动的源泉和动力，是事物发展的根本原因。外部矛盾（即外因）是事物发展、变化的第二位的原因。内因是变化的根据，外因是变化的条件，外因通过内因而起作用。因此，高校青年教师心理问题的来源，最根本的往往是受心理压力过大等自身原因影响，所以要保持良好的心理状态，减少心理问题发生，必须做好自我调节。这需要从以下四个方面着手。

一、树立正确的人生观和职业价值观

树立正确的人生观、价值观和教育观是每一位教师顺利完成岗位职责的前提条件，同时也是青年教师获得职业幸福感、实现职业价值的思想基础。高校青年教师要能够正确应对社会环境的快速变化，以及多元化价值观的冲击，追求自我价值和社会价值的统一，通过在工作中的付出和努力，实现自己的社会理想和人生目标。

进入21世纪以来，随着世界经济、世界政治格局调整和现代信息技术的快速发展，我国的社会结构和各个领域也都随之发生了深刻的变化。社会的转型给人们原有的价值观念、意识形态都带来了巨大的冲击。尤其是对处在价值观形成时期的当代青年，面对信息时代各种思潮的相互冲撞，面对各种社会现象，面对生活、工作、情感等多方面的考验，必须有积极向上的人生态度，要明辨是非。要围绕我国新时期提出的"中国梦"，志存高远，树立崇高的理想和人生目标。要将个人的理想和命运与国家的命运紧密地结合在一起，共享与国家、时代共同成长的机会。要认真践行社会主义核心价值观，并以此作为人生价值的准则，实现个人与社会的良性互动。

要树立正确的教育观，对教育事业价值有清晰的认识，即对自身所从事的角色要有高度的认同感。要专注于自身的专业知识和技能，通过自身的劳动，使每位学生的身心得到全面健康的发展。要坚持"以人为本"的现代教育核心理念，坚持以学生为主体、教师为主导的教育思路，利用学生在生理、心理、认知、情感、道德、审美等各个方面的可塑性，充分调动学生的发展潜力。在教学中，要充分尊重和调动学生的积极性和主动性，真正实现教育的目的。而只有具备了以上正确的观念，高校青年教师才不易产生徘徊、失落等不良情绪，才能全身心地投入高等教育事业中去。

二、加强自我认知和自我调控能力

只有正确地认识自我、评价自我，才能够更好地发展自我、实现自我。因此，要应对心理压力，必须具有自我认知能力。同时，在遇到问题时，青年教师还需依靠自身的力量，客观分析情况，合理调控情绪。要学会用理智和毅力努力克服自身的心理问题和心理障碍。在遇到工作和生活中的难题时，要以乐观的心态去面对和解决问题，主动学习和掌握一些基本的控制压力和不良情绪的方法和技巧。

保持良好的身心状态，首先要建立起良好的自我认知，即根据自身发展的客观现实，对自我进行深刻的分析和定义，明确自身具有的典型特征和具有的优势，尤其是要认识到自身存在的不足。要能够根据环境和社会交往人群的变化，及时调整自我定位和发展期望值，避免出现不切实际的个人理想主义。如果由于对自己认知不到位而导致工作目标过高，工作任务无法有效实现，出现付出与收获不对等时，就很容易产生悲观、失望的心理状态。同时，在客观完成自我认知的基础上，青年教师还应学会客观认识他人、认识环境，能最大限度地融合环境，并获得他人的支持和帮助。

高校青年教师要能够正确认识压力，应充分认识到压力是每个人都会体验到的正常心理现象。人在有一定压力的情况下生存和发展，对于激发自身潜能具有一定的促进作用。而当心理压力超过了个人的认知程度，就会产生不良的影响，甚至出现心理问题。因此，当高校青年教师感受到压力时，要学会运用辩证法的观点一分为二地看待问题。要学会将压力转换为前进的动力，并合理地控制压力。面对压力，不但要有科学的认识，而且要有正确的态度。要自觉调整心态，努力从回避压力转向主动面对和应对压力。要保持积极的学习态度，有意识地学习和训练自我安慰、自我激励、自我暗示、自我抑制等情绪调控的有效方法，确保自身处于良好、健康的心理状态。

长时间、高强度的工作压力，容易使高校青年教师在一定时期内心理处于应激状态，即不冷静、易冲动，容易因小的矛盾而引发大的心理冲突。因此，要防止这种非正常心理状态影响正常的生活和工作，青年教师还应学会自我心理防御，即在自我遇到一定的挫折和打击或某种紧张的心理状态时，在内部心理活动中具有的自觉或不自觉地解脱烦恼、减轻内心不安、恢复心理平衡与稳定的一种适应性倾向。它可以不自觉地减轻人的负面情绪，并且更容易激发个体内心战胜困难和挫折的动力和主观能动性。所以，学会自我心理防御也是自我有效调控的重要方式之一。

加强自我心理调控能力，对于高校青年教师保持健康的心理状态、解决和处理各种心理压力都显得非常重要。其中，培养健康的生活方式和兴趣爱好，也是高校青年教师自我调控身心健康的方法之一。高校青年教师虽然不像行政岗位工作人员那样需要每天在岗坐班，但是他们在看似自由支配的时间中，面对的是繁重的教学、科研等工作任务，其上班、下班的界限并不明显，容易导致疲惫、厌烦、枯燥等不良情绪。因此，适当的个人调节就显得非常重要和必要。青年教师可以利用学校和社会的各种资源，积极参加多种类型的文化、艺术、体育等活动,放松紧张情绪,缓解焦虑情绪,同时也可以增进与同事、朋友之间的情感交流。另外,青年教师还应注重培养广泛的兴趣爱好,接触不同的知识。通过转换领域,可以有效地调节长期从事某一专业教学、研究工作的心理疲劳;而不同的兴趣爱好还会有利于拓宽教学改革和研究思路,可以促进工作取得新的进步和突破。

三、加强专业培训和寻求外界支持

高校青年教师大多数具有扎实的专业知识,但对于自身专业以外的,尤其是关于心理健康方面的知识和情绪控制等,却显得力不从心。所以高校青年教师要多了解与教育事业相关的心理学方面的知识,利用业余时间,通过网络、电视、专题讲座等多种渠道,主动加强与心理健康相关的专业培训和学习,并能够将所学的知识和方法、技能灵活地运用到实际生活和工作中。要通过学习,重点掌握两个层面的内容,一方面是关于如何树立善良正直、真诚坦率、理智沉稳、勤奋坚韧、开拓创新等良好的人格特征;另一方面就是学习如何进行自我认知和心理调控的方法和技能。

在加强自我学习、提升心理素质的基础上,遇到困难时,同时需要青年教师主动寻求外界的支持,这也是缓解压力、消除负面情绪和心理压力的有效途径。此外,从专业的角度而言,寻求外界专业的支持是应对社会压力的高效手段。尤其是个人遇到严重的心理负担和心理问题时,来自外界的支持和帮助可以发挥巨大的作用。因此,在工作和日常生活中,当自我调节和控制机制均无法有效缓解心理压力时,青年教师要主动地寻求外界的支持和帮助,切忌把问题积压。可以向自己的家人,如父母、配偶、兄弟姐妹,也可以向朋友倾诉,寻求解决问题的方法和途径。如遇到严重的心理障碍时,需要向专业的心理咨询师等其他社会人员寻求帮助和指导;在有条件的高校,青年教师还可以寻求校内心理咨询服务机构或教师发展中心的专业帮助。

四、创造和谐的人际关系和师生关系

我国著名心理卫生学家丁瓒先生曾指出："人类的心理适应，最主要的就是对人际关系的适应。"心理学研究证实，具有良好人际关系的个体，其心理健康水平愈高，对挫折的承受力和社会适应能力就愈强，在社会生产、生活中也就愈容易取得成功。因此，创建和谐的人际关系也是高校青年教师保持良好的心理状态的重要途径之一。同时，由于教师职业的特殊性，高校青年教师的人际关系主题中，学生占有很大的比重，所以建立良好的师生关系也会对高校青年教师的心理状态产生至关重要的影响。

拥有和谐的人际关系，有利于形成良好的心理状态，相应地也会提升个体的抗挫折能力和适应能力。高校青年教师在与教师群体的人际交往过程中，要正确定位自身在群体中的位置和发展方向，虚心向优秀教师学习，尊重他人，乐于听取他人的意见和建议，宽容大度，乐于赞美他人，团结合作，建立和谐的工作氛围。要乐观向上，自信友善，善于发现他人的优点，多看别人的长处，心胸坦荡，且乐于助人。遇到问题或困难时，要敢于面对，同时也要乐于接纳他人的帮助。要注重进行沟通、交流和讨论，不背后猜忌、诋毁，不推卸责任。只有建立起良好的人际关系，才能拥有健康的心理状态，正确面对心理压力，避免产生各种心理问题。

另外，建立和谐的师生关系也是青年教师顺利完成教学任务、实现教师职业价值的重要保障。师生关系在教师人际关系中所占的比重极大，如果处理不好师生关系，将对教师的心理造成极大的影响。良好的师生关系是教育教学活动取得成功的必要保证。在现代社会环境中，教师一定要坚持民主、开放的理念，要与学生建立长期、稳定的民主性、平等性的师生关系。在学生尊重教师的前提下，教师也要尊重学生。教师要给学生创造自由、开放的学习氛围，和学生在课上、课下进行心与心的沟通。教师要站在学生的角度进行换位思考，要让教学活动成为放松身心、共同学习进步的平台，把握新时期学生的典型特征，弘扬优秀品质，抵制不良倾向，实现彼此成为良师益友、教学相长的目标。

综上所述,从青年教师个体因素来说,青年教师必须树立正确的人生观和价值观,要客观认识自我,并学会自我调节。要增强学习意识,主动补充相应的心理学知识和心理调控技巧,加强自身的修养。必要时要寻求外界的支持与帮助。同时,青年教师要有意识地营造良好的人际关系和师生关系,调整自我保持良好的心理状态。

第五节　需要特殊关注的高校青年教师群体

以上对于高校青年教师整个群体心理问题的解决策略进行了梳理和分析,但在其中还存在部分特殊群体。由于他们身上具有的某些特殊特征,因此需要我们给予更多的关注,如高职院校青年教师、新入职青年教师和高职称青年教师等。

一、高职院校的青年教师

近几年,随着高职教育的迅猛发展,许多高职院校需要大量补充青年教师承担教学任务。而这些青年教师大部分来自普通高校的应届毕业生。总体上来看,普通高校毕业生具有思想活跃、精力充沛、勤奋好学、接收能力强、专业基础扎实、知识更新快等优势。但对于高职教育而言,很多应届毕业生不但缺乏实际的教学经验,而且更为关键的是他们不熟悉高职教育教学的特征和教学规律,缺乏专业实践经验和动手能力。这将对他们顺利开展教学和科研工作造成很大的障碍。

高职教育承担着为社会培养掌握一定专业技能、综合素质高、动手能力强的技术技能型人才的重要职责。高职院校的学生从教师身上不仅需要学到专业的基础知识,而且更为重要的是,他们需要掌握一技之长,即专业技能。因此,高职院校的教师与一般普通高校的教师相比,不仅需要具备扎实的专业理论知识和较高的教学水平,而且还需要具有较强的专业实践能力和丰富的实际工作经验,要做到"一专多能"。近年来,国家高度重视职业教育的发展,高职院校之间的竞争和压力也越来越大,高职院校教师不仅承负着教学和科研的双重重担,而且相比其他本科院校的教师来说,还需要利用业余时间深入企业和工作一线进行挂职锻炼,以积累丰富的技能和经验指导学生。因此,高职院校的青年教师所处的特殊环境和所担当的特殊角色,使其在工作中承受着多方面的心理压力。

二、新入职的青年教师

另一个需要我们关注的群体就是新入职的青年教师,他们一般是指刚刚进入高校教师岗位 1~3 年的青年教师。新入职的青年教师处在职业生涯发展的初期,是他们完成社会角色转化的关键阶段。在这个时期,他们要承担大量的教学、科研任务,缺乏经验使得他们在工作中会感到力不从心和无所适从。因此,新入职的青年教师在这一阶段也容易产生诸多心理问题。

新入职教师完成角色转换,就意味着要从学习者转换为承担教书育人的社会责任。刚刚进入教师岗位的新教师会有强烈的希望认同感,尤其是在上学期间表现优异的群体,这种需求会更加强烈。他们希望在工作之初就能够得到学生、家长、同行、领导和学校的认可,以期获得自我认同感,找到自己在工作中的价值。但是由于教学工作需要知识积累,更需要教学实践经验,因此,新教师在入职之初普遍会感觉到一定的焦虑。而且从实际的教学效果来看,往往会不尽如人意。多数教师会产生一定的挫折感和不适感。

另外,随着现代社会环境的变化,学生群体和教学手段都发生了巨大的变化。在没有深入开展研究的基础上开展教学活动,新入职的教师在短期之内会出现难以驾驭课堂、力不从心的现象。在面对工作初期发展困境时,新教师普遍缺乏解决问题的能力,即不知道通过何种渠道或采取什么措施来改变现状，提高教学效果。而部分教师在入职初期就缺乏自我发展和规划的意识，不会主动设计专业的发展通道。因此，他们对提高业务水平会产生"无助感"，即不知道如何寻求帮助，获得资源，应对问题。如果问题长期得不到解决，还容易产生严重的职业倦怠。

三、高职称青年教师

另外，职称也是高校青年教师特别关注的问题，并且是对教师心理特征影响相当大的一个变量。在本课题的调查中，发现关于压力源的补充调查中，"职称评定"的被选择比例最高，排在第一位。此外，调查结果还显示，副高职称心理压力最大，其压力与心理健康指标分显著低于无职称和初级职称被试，有副高职称的教师心理压力显著高于新教师和年轻教师。另外，处在职称提升关键时期的青年教师，也承担较大的心理压力，更需要社会、学校等各方面的关注、支持和帮助。

在高校教师群体中，已经具有高级职称的青年教师普遍承担着骨干教师的角色，被赋予了专业教学、科学研究、改革创新等多项重任，承担着巨大的工作压力。他们受人关注，被学校和领导期待。他们在完成一般教师的教学、科研工作的基础上，还需要为进一步的提升和发展进行规划和设计，随之而来的就是高强度的学习、研究以及创新的生活节奏。而且由于高级职称的要求，他们还需要承担更多的教学任务、完成更多的科研任务。如果未达到之前的心理预期，他们极易产生失落和压抑情绪。

这也为我们的研究提供了启示，即处在不同发展阶段的青年教师所承受的心理压力不同，可能面临的问题也不同。因此，在群体研究的基础上，更需要我们的社会提供个性化服务的环境，更需要我们的高校提供个性化关怀和培养，也需要每个处在不同发展阶段、具有不同发展特征的青年教师进行科学的自我调整。

高校青年教师肩负着为祖国培养和塑造栋梁之材的神圣使命，是高校教师队伍的核心力量，关系着高校生存与发展；同时，他们又是人才培养的重要力量,关系着一代人才的发展和前途。特殊的职业身份,使高校青年教师成为社会关注的焦点。相应地,他们也承担了巨大的责任和压力。而由于他们特定的年龄阶段,还要面对婚姻、家庭、住房、子女教育等各种生活问题的挑战。因此,关注高校青年教师的心理健康问题,就是关注教育的发展,就是关注下一代人的发展。解决教师的心理问题,除了教师个体的努力,还需要全社会的支持,同时更需要高校的配合。只有三者发挥合力,才能营造有利于高校青年教师心理健康的内部和外部和谐环境。高校青年教师才能保持健康的心理状态,积极投身到人才培养和教学改革的事业中,实现人生价值和社会赋予的重任。

附 录

北京高校青年教师心理特征调查问卷

尊敬的老师，您好！我们是"北京高校青年教师心理特征研究"课题组成员，我们恳请您在百忙之中抽出一点时间回答这份问卷。问卷项目均为选择题，请您根据自己的情况如实作答，在最符合您特点的选项上画"√"。调查对象的真诚合作是问卷调查的生命，此结果只作研究使用，不会用作他途，恳请您务必真实作答，不胜感激！

1. 姓名或网名：（可不填）
2. 性别：
 （1）男　　　　（2）女
3. 年龄：
 （1）20~25 岁　（2）26~30 岁　（3）31~35 岁　（4）36~40 岁
 （5）41~45 岁
4. 最后学历：
 （1）大专　　　（2）本科　　　（3）硕士研究生
 （4）博士研究生
5. 学位：
 （1）无学位　　（2）学士　　　（3）硕士　　　（4）博士
6. 是否有留学经历：
 （1）是（几年）（2）否

7. 参加工作年限：

（1）2年以下　　（2）2~5年　　（3）6~10年　　（4）11~15年

（5）16~20年　　（6）20年以上

8. 所在学校类型：

（1）高职　　（2）三本　　（3）二本　　（4）一本

9. 所从事专业方向：

（1）理科　　（2）工科　　（3）文科　　（4）交叉学科

（5）其他

10. 现岗位：

（1）一线教师　　（2）行政人员

（3）教辅人员（图书馆员、实验员等）　　（4）专职科研人员

11. 职称：

（1）无　　（2）初级　　（3）中级　　（4）副高

（5）正高

12. 是否研究生导师：

（1）否　　（2）硕士生导师　　（3）博士生导师

13. 职务：

（1）无　　（2）科员　　（3）副主任科员　　（4）主任科员

（5）副处级　　（6）正处级　　（7）副局级　　（8）正局级

14. 年收入：

（1）/3万元以下　　（2）/3万~6万　　（3）/6万~9万

（4）/9万~12万元　　（5）/12万~15万元　　（6）/15万~20万元

（7）/20万~25万元　　（8）/25~万元以上

15. 婚姻状况：

（1）未婚　　（2）同居　　（3）已婚　　（4）分居

（5）离异　　（6）丧偶

16. 子女情况：

（1）无

（2）有一位共同生活的子女

（3）有两位及以上共同生活的子女

（4）有一位不共同生活但需抚养的子女

（5）有两位及以上不共同生活但需抚养的子女

（6）有子女，但无须抚养

	非常不符合	比较不符合	难以确认	比较符合	非常符合
17. 我不为自己的外貌而烦恼					
18. 我是我的家族和亲戚中学历最高的人					
19. 我的高中同学大部分发展得比我好					
20. 我的大学同学大部分发展得比我好					
21. 我比我爸爸要成功得多					
22. 虽然我也有缺点，但我对自己还是相当满意的					
23. 我觉得这个社会根本没有公平可言					
24. 如果让我再选择一次，我还是会像现在这样生活					
25. 老实人吃亏是这个社会的普遍现象					
26. 与同龄人相比，我感到很知足					
27. 我喜欢我的专业					
28. 五年内我肯定不会换工作或跳槽					
29. 我对我的生活很满意					
30. 我工作时总是精力充沛、精神饱满					
31. 我总是感到孤独					
32. 每天的生活中总是有我感兴趣的事情					
33. 我很少夸奖别人					

续表

	非常不符合	比较不符合	难以确认	比较符合	非常符合
34. 想到未来，我感到紧张和焦虑					
35. 不高兴时，我只会抱怨					
36. 我经常关心别人，并知道如何关心别人					
37. 我愿意和别人合作并从中得到乐趣					
38. 我对学生及他人产生了良好影响					
39. 我觉得现在有些学生简直不可理喻					
40. 我的领导是个让人讨厌的人					
41. 我对自己的职业感到自豪					
42. 我觉得我的工资只能维持温饱					
43. 为了多赚钱，我愿意尝试违规的事情					
44. 在同学聚会中，有钱的同学在场让我感到难受					
45. 在出名和赚钱中，我宁愿选择出名					
46. 我认为可以与学生恋爱、结婚是大学教师的一个优势					
47. 我相信未来我会成为一名知名学者					
48. 我现在的工作很轻松，有许多自由时间做自己的事					
49. 我努力工作是为了给孩子创造个较好未来					
50. 如果我比现在更成功，就会吸引到更多、更优质的异性					
51. 我投入专业工作中，是因为它真的充满趣味					
52. 本专业的大师是我的人生楷模，我非常敬佩他们					

续表

	非常不符合	比较不符合	难以确认	比较符合	非常符合
53. 我当大学教师只是为了北京户口					
54. 我当教师就是为了退休后生活有保障					
55. 我经常感到头痛或头晕					
56. 我做事情必须反复检查					
57. 我工作时不允许出现差错					
58. 我总是积极主动做事					
59. 如果领导不布置任务,我便不知道该干什么					
60. 即使对讨厌的人我也不轻易发火					
61. 我做事情不考虑后果					
62. 我感到很少有人理解自己					
63. 我容易疲乏					
64. 我失眠					
65. 我感到生活空虚、无趣					
66. 我觉得自己是个有用的人					
67. 我觉得自己是一个失败者					
68. 我的才能得不到发挥					
69. 有时我会不顾场合大发雷霆					
70. 当别人取得成绩时,我很想打击他(她)一下					
71. 我一直想偷懒					
72. 我憎恨周围的人					
73. 我觉得别人对我的成绩没有做出恰当的评价					
74. 我的家庭总是让我操心					
75. 我感到压抑					

续表

	非常不符合	比较不符合	难以确认	比较符合	非常符合
76. 做科研、写论文总是让我痛苦					
77. 我总有办法快速排解自己的负面情绪					
78. 我感到有人要迫害自己					
79. 我能听到别人听不到的声音					

80. 您选择教师职业的最主要原因：

（1）热爱教师职业　（2）工作较稳定　（3）有较多假期

（4）能从中获得成就感　（5）人际关系相对简单　（6）没有别的专长　（7）其他＿＿＿＿＿＿

81. 到目前为止，您的教龄

（1）2年以下　（2）3~5年　（3）5~10年　（4）10年以上

82. 总体来说，作为一名高校青年教师，您感觉：

（1）没有什么压力　（2）有一点点压力　（3）压力比较大

（4）压力非常大

83. 您的压力来源为（可多选）

（1）自我实现　（2）职称评定　（3）人际关系（同事、领导等）

（4）经济压力　（5）自我形象（容貌、身材等）　（6）感情压力

（7）家庭关系　（8）考核与评比　（9）学历提升　（10）教育对象

（11）教育对象的家长　（12）其他

84. 您舒缓压力的方式是（可多选）：

（1）找人倾诉　（2）做些自己喜欢做的事情（上网、运动等）

（3）大吃一顿　（4）专业的心理咨询　（5）不采取任何措施

（6）其他

85. 您了解心理健康方面的知识吗？

（1）不太了解　（2）有些了解　（3）很了解

86. 以下描述中哪些选项比较符合您对教师心理健康的认识：（可多选）

（1）个体社会生活适应良好、身体健康、人格完善

（2）对教师角色认同、热爱教育工作、勤于教学工作

（3）自己的才能在教育工作中表现出来，并由此获得成就感和满足感

（4）正确了解自己、体验自我和控制自我，平衡自我与现实、理想的关系

（5）其他_____

87. 您认为您的心理健康状况如何：

（1）非常健康　（2）比较健康　（3）一般，又是很消极

（4）不太好，经常感到郁闷　（5）说不清楚

88. 如果让您再择业，您会：

（1）一定会再当教师　（2）可能还会当教师　（3）坚决不再当教师

（4）说不清楚

89. 如果您所在的学校开展教师心理健康服务工作，您将有何意见和建议：_____

问卷到此结束，感谢您的耐心填答！

参考文献

[1] Bolger, N., & Laurenceau, J. P. Intensive longitudinal methods: An introduction to diary and experience sampling research[M]. New York: Guilford Press, 2013.

[2] Inkeles A. Making men modern : On the causes and consequences of individual change in six developing countries[J]. The American Journal of Sociology, 1969(75).

[3] Schulz, M. S., Cowan, P. A., Pape, C. C., & Brennan, R. T. Coming home upset: Gender, marital satisfaction, and the daily spillover of workday experience into couple interactions [J]. Journal of Family Psychology, 2004, 18(1).

[4] 陈楠,李晓松,刘巧兰,刘元元.基于SCL-90的中国高校教师心理健康状况系统评价研究[J].卫生研究,2014(11).

[5] 陈琦,刘儒德.当代教育心理学[M].北京:北京师范大学出版社,2007.

[6] 陈卿.影响高校青年教师心理健康的社会因素分析[J].中国青年研究,2015(2).

[7] 陈向丽.高校青年教师心理健康现状及影响因素研究[J].学理论,2014(4).

[8] 黛安娜·帕帕拉,萨莉·奥尔茨,露丝·费尔德曼.发展心理学[M].李西营,译.北京:人民邮电出版社,2013.

[9] 冯惠玲.中国高校青年教师心理健康状况调查与分析[J].学理论,2011(11).

[10] 傅美芳,朱坚.高校青年教师心理压力现状与缓解策略探讨——以浙江师范大学为例[J].浙江师范大学学报(社会科学版),2009(5).

[11] 何星舟,孟婷婷,楼历月,贾磊.高校青年教师心理健康现状调查研究——以浙江省25所高校为例[J].教育评论,2015(11).

[12] 贺超,欧阳椿陶.高校青年教师心理健康现状调查及预防对策探析[J].广东农工商职业技术学院学报,2011(11).

[13] 金薇吟.高校青年教师心理问题多视角研究[J].教育与现代化,2006(9).

[14] 乐国安,董颖红,陈浩,赖凯声.在线文本情感分析技术及应用[J].心理科学进展,2013(10).

[15] 李兰巧.教师心理特征与管理研究[M].北京:中央广播电视大学出版社,2013.

[16] 李兰巧,肖毅. 高校教师心理特征研究现状与思考[J].职业教育,2015(10).

[17] 李晓杰,苏铁熊.高校青年教师的现状调查与分析[J].中北大学学报(社会科学版),2007(1).

[18] 林崇德.发展心理学[M].北京:人民教育出版社,2009.

[19] 刘明川,田花,高战盈.高校教师心理健康状况影响因素的研究综述[J].镇江高专学报,2012(4).

[20] 刘永闯,郭丽娜,刘堃.沃里克——爱丁堡积极心理健康量表在老年人中应用的效度和信度[J].中国心理卫生杂志,2016(3).

[21] 柳友荣. 高校青年教师心理健康状况调查分析[J]. 高等教育研究,1998(4).

[22] 马锦华. 高校青年教师心理健康状况调查分析[J]. 临床心身疾病杂志,2007(1).

[23] 潘欣,王剑,郑子健,唐燕. 陕西省高校教师工作压力对心理健康影响因素的分析[J].中国健康心理学,2010(18).

[24] 皮连生.学与教的心理学[M].上海:华东师范大学出版社,2011.

[25] 平爱红.高校青年教师心理健康状况调查及建议[J].教育探索,2015(2).

[26] 沈伊默,袁登华.心理契约破坏研究现状与展望[J].心理科学进展,2006(6).

[27] 陶芳芳,尹平. 高校青年教师心理健康状况及其影响因素分析[J]. 医学与社会,2006(2).

[28] 王贵林,陈洵.心理学教程[M].广州:广东高等教育出版社,2005.

[29] 王平风,朱以财.高校青年教师的心理问题及调适[J].内蒙古师范大学学报(教育科学版),2009(11).

[30] 王晓真.高校青年教师心理压力来源及缓解对策[J].绍兴文理学院学报,2010(10).

[31] 王艳玲,王建强.区域性高校青年教师心理健康状况及对策研究[J].河北农业大学学报(农林教育版),2003(6).

[32] 王雁.普通心理学[M].北京:人民教育出版社,2002.

[33] 王阳,杨燕,肖婉婷,苏勤.认知灵活性问卷中文版测评大学生样本的效度和信度[J].中国心理卫生杂志,2016(1).

[34] 张鸣.重点高校青年教师心理健康问题与对策研究[J].江西教育学院学报,2013(12).

[35] 张现红.我国高校青年教师心理健康问题及对策研究[J].教育评论,2014(4).
[36] 郑晓生.高校青年教师心理素质现状分析及提升策略[J].教育评论,2014(12).
[37] 周明洁,张建新.中国社会现代化进程和城市现代化水平与中国人群体人格变化模式[J].心理科学进展,2007(2).
[38] 朱志梅.高校青年教师心理健康状况及干预对策[J].江苏高教,2007(4).